Klaus Mertes

Widerspruch aus Loyalität

Ignatianische Impulse
Herausgegeben von Stefan Kiechle SJ und Willi Lambert SJ, Band 39

Ignatianische Impulse gründen in der Spiritualität des Ignatius von Loyola. Diese wird heute von vielen Menschen neu entdeckt.

Ignatianische Impulse greifen aktuelle und existentielle Fragen wie auch umstrittene Themen auf. Weltoffen und konkret, lebensnah und nach vorne gerichtet, gut lesbar und persönlich anregend sprechen sie suchende Menschen an und helfen ihnen, das alltägliche Leben spirituell zu deuten und zu gestalten.

Ignatianische Impulse werden begleitet durch den Jesuitenorden, der von Ignatius gegründet wurde. Ihre Themen orientieren sich an dem, was Jesuiten heute als ihre Leitlinien gewählt haben: Christlicher Glaube – soziale Gerechtigkeit – interreligiöser Dialog – moderne Kultur.

Klaus Mertes

Widerspruch aus Loyalität

echter

Bibliografische Information der Deutschen Nationalbibliothek

Die Deutsche Nationalbibliothek verzeichnet diese Publikation in der Deutschen Nationalbibliografie; detaillierte bibliografische Daten sind im Internet über <http://dnb.d-nb.de> abrufbar.

www.echter-verlag.de
Umschlag: Roberto Meraner
Druck und Bindung: CPI – Clausen & Bosse, Leck
ISBN 978 3 429-03172-5

Inhalt

Einführung

Dieses Buch ist allen gewidmet, die unter der gegenwärtigen Situation in der Kirche leiden, insbesondere den Katholiken unter ihnen. Aber vielleicht findet es über den Tellerrand innerkirchlicher Fragestellung hinaus weitere interessierte Leserinnen und Leser. Die Spannung zwischen Loyalität und Widerspruch erleben Menschen schließlich in vielen anderen Zusammenhängen genauso – in Familien, Betrieben, Parteien, nationalen, konfessionellen und religiösen Zugehörigkeiten. Zu widersprechen in einer Gruppe, die einen Anspruch auf Loyalität hat und der man sich selbst loyal verbunden fühlt, ist immer mit innerem Ringen und äußeren Konflikten verbunden. In der Geschichte hat sich jedoch oft genug gezeigt, dass Menschen, die loyal Widerspruch einlegen, ihre Familien, Betriebe, religiösen Gemeinschaften und Nationen wirklich einen Schritt voranbringen. Widerspruch aus Loyalität ist ein Geschenk für alle Beteiligten.

Auslösend dafür, etwas zu schreiben, war für mich die Begegnung mit einem katholischen Elternpaar. Beide waren dankbar dafür, dass ihre drei Kinder über Weltjugendtage und andere Begegnungen in der Kirche eine unbefangene Freude an ihrer Katholizität gefunden hatten. Neben Postern von Fußballstars und anderen Kultfiguren der Jugendszene hingen weiß-gelbe Flaggen und Bilder des Heiligen Vaters in ihren Zimmern. Sie gehörten zu den aktiven Jugendlichen in der Gemeinde, und sie engagierten sich im Sinne der Kirche auch in Schule und Gesellschaft. Doch nun, so berichteten die Eltern mir, haben ihr Sohn und ihre Töchter die Vatikan-Flagge aus ihrem Zimmer abgehängt und die Papst-Poster in den Papierkorb gesteckt. Grund dafür sei der Umgang der kirchlichen Hierarchie und auch des Papstes mit – aus ihrer Perspektive – berechtigter Kritik.

Es gibt das Leiden an der Situation der Kirche, und es gibt das Leiden an diesem Leiden. Es gibt Kreise in der Kirche, die das Wort »Leiden an der Kirche« nicht hören können, ohne schon an diesem Wort und an denen, die es in den Mund nehmen, zu leiden. Damit steht die katholische Kirche vor einem ernsten internen Kommunikationsproblem. Die einen sind entsetzt darüber, dass der Papst exkommunizierte Bischöfe ohne inhaltliche Bedingungen wieder zu den Sakramenten zulässt, die anderen sind entsetzt über das Entsetzen und verstehen die ganze Aufregung nicht. Die einen finden den Anblick einer Kirchenleitung, die sich von einem Holocaustleugner mehr als eine Woche lang vor den Augen der Welt am Ring durch die Arena ziehen lässt, unerträglich, die anderen finden die Berichterstattung über diesen Vorgang unerträglich. Die einen sehen informelle Strukturen hinter wichtigen Personalentscheidungen am Werk und beklagen dies, die anderen haben Zugang zu diesen informellen Strukturen und beklagen sich über die Übermacht von Verfahren und Gremien, die sie behindern. Die einen sind über dieselben Entwicklungen ergrimmt, die bei den anderen Triumphgefühle auslösen. Die einen äußern sich kritisch darüber, die anderen diagnostizieren in der Kritik Feindseligkeit.

Der Vergleich mag gewagt sein, aber vielleicht trifft er doch: Die schlimmsten Kriege sind die Bürgerkriege. Das interne Kommunikationsproblem ist ein ernstes Problem, weil es eine Menge an Gewaltpotential in sich birgt. Meist fängt die Gewalt mit der Schärfe der Sprache an, die übergeht in Handgreiflichkeiten und schließlich in dauerhaften Zerwürfnissen mündet. Das trifft auch auf Religionen zu. Religiös motivierte Gewalt richtet sich in der Regel nicht gegen Mitglieder anderer Religionen, sondern gegen Gläubige der eigenen Religion, die abweichen.

In dieser Situation hilft das, was in der kirchlichen und besonders auch in der ignatianischen Tradition »Unterscheidung der Geister« genannt wird. Denn es ist für die Einheit der Kirche und anderer vergleichbarer Gruppierungen wichtig, zu einer gemeinsamen Sprache zurückzufinden, oder besser: vorzustoßen. Die Unterscheidung der Geister nimmt Gefühle ernst, statt sie einfach abzutun. Die »Bewegungen und Gefühle« sind in den ignatianischen Exerzitien der Stoff der Unterscheidung. Keine Gefühlsbewegung kann ohne den Akt der Reflexion, des »Kostens und Schmeckens« (GÜ 2)[1] bewertet werden als Regung des guten Geistes oder des bösen Geistes (vgl. GÜ 314f.). Also ist die geistliche Reflexion die Tätigkeit, bei der wir ansetzen müssen, wenn wir nicht in den Gräben verharren wollen. Traurigkeit kann vom guten oder vom bösen Geist kommen, ebenso das Gefühl, Recht zu haben, oder das Triumphgefühl. Kritik kann vom guten oder vom bösen Geist sein. Entscheiden lässt sich das nur durch die geistliche Unterscheidung selbst, nicht durch verletzten Rückzug ins Schweigen oder durch wilde Polemik gegen die bösen Anderen.

Die ignatianischen Regeln zur »Unterscheidung der Geister« zeichnen sich gerade dadurch aus, dass sie nicht von vornherein bestimmte »Geister« als böse oder gut qualifizieren. Sie bestehen nicht in der Anwendung von abstrakten Prinzipien auf konkrete Situationen. Vielmehr geht es um eine Kunst des »Kostens und Schmeckens«, also um Wahrnehmungskunst. Da Gefühle wahrgenommen werden, lässt sich zunächst nichts verallgemeinern. Der eine ist traurig gestimmt wegen bestimmter Ereignisse, der andere nicht. Es macht keinen Sinn, dem anderen vorzuwerfen, dass er oder sie in derselben Situation anders empfindet als ich. Im Gegenteil, der Verschmelzungswunsch, der hinter diesem Vorwurf oft steckt, ist selbst einer geistlichen Unterscheidung zu unterziehen. Es gibt einen Unterschied zwischen wünschenswerter »Einheit« in der Kirche und Verschmelzung. Genau aus diesem Grund stehen die Regeln der Unterscheidung der Geister auch für einen Freiheitsraum in der Kirche, in dem niemand – außer dem guten und dem bösen Geist selbst – mitreden kann. Einheit steht nicht gegen Freiheit. Deswegen legt ja Ignatius Wert darauf, dass sich der spirituelle Begleiter in allen Dingen, »die der freien Entscheidungsmacht gestattet und ihr nicht verboten« sind (GÜ 23), herauszuhalten hat, also auf der Waage der Seele des anderen wie auf der eigenen Seelenwaage an jenem Punkt zu stehen hat, von dem her er das Ergebnis der Wägung eben nicht beeinflussen kann, nämlich »in der Mitte der Waage« (GÜ 15). Das gilt natürlich auch für die Frage, wann Kritik an Entwicklungen in der Kirche dran ist und wann nicht und nach welchen geistlichen Kriterien ich beurteilen kann, ob mein Impuls zur Kritik vom guten oder vom bösen Geist kommt, also aus Loyalität notwendig ist oder doch eher mit Lieblosigkeit und Illoyalität zu tun hat.

Eine Kirchenleitung, die nicht unterscheiden könnte zwischen loyaler und illoyaler Kritik, liefe Gefahr, sich von der Wirklichkeit zu entfernen und als Blindgänger durch die Welt zu laufen, gefährlich für sich und für andere. Die Enttäuschung der drei oben erwähnten Jugendlichen erreichte ihren Höhepunkt, als sie ihre loyale Kritik als Ausdruck von Illoyalität denunziert sahen, als anti-römischen Affekt und schließlich als Feindseligkeit gegenüber dem Papst. Sie verstanden schließlich auch die Äußerungen des Heiligen Vaters gegenüber seinen Kritikern so, dass er diese Stimmen bestätigte.[2]

Gewiss, es gibt auch lauernde Kirchenfeinde, die nur auf die Gelegenheit warten, eine Schwäche beim Papst oder bei den Bischöfen zu finden, um zubeißen zu können. Aber daraus folgt nur, dass man eben zwischen diesen »Kirchenkritikern« und den anderen unterscheiden muss. Tut man das nicht, erweist man der Kirche und auch dem Papst keinen Gefallen, auch dann nicht, wenn man sich lautstark als Verteidiger derselben aufspielt. Es gibt Verteidigungsstrategien, die dem Verteidigten mehr schaden als nutzen. Der böse Geist ist wirklich schlau (Gen 3,1).

Ich hoffe, dass die folgenden Überlegungen ein wenig zur Unterscheidung der Geister beitragen und zu loyaler Kritik ermutigen. Die Kirche und der Papst brauchen ebenso wie Familien, Gemeinschaften und Völker diesen Dienst an der Einheit, den der »böse Feind« gerne als Spaltung denunziert. Dabei soll in einem ersten Anlauf versucht werden, die Grundlagen des Verhältnisses von Loyalität und Kritik vor allem an Beispielen aus dem Evangelium zu bedenken. Im zweiten Anlauf geht es um die Frage, wie denn loyale Kritik von falscher Selbstsicherheit zu unterscheiden ist. Der dritte Anlauf handelt – insbesondere auch vor dem Hintergrund der ignatianischen Tradition – von der Vereinbarkeit zwischen Liebe zu und Kritik an der Kirche und am Papst. Der Impuls endet mit zwei Meditationen: eine über den Verdacht, die andere über die Macht des Schweigens und die Kraft des loyalen Widerspruchs.

1. Anlauf: Loyalität und Kritik nach dem Evangelium

Der Begriff »Loyalität« geht über das französische *loyal* auf das lateinische *legalis* zurück und meint zunächst »gesetzmäßig«. Loyal ist, wer gegenüber Staat und Gesetzen pflichttreu ist, vertragstreu, redlich nach Treu und Glauben, aber auch im weiteren Sinne anständig, auch den Gegner respektierend.[3] Im allgemeinen Sprachgebrauch umfasst der Begriff auch Pflichten und Anstandserwartungen, die sich aus besonderen Zugehörigkeiten ergeben: Beamte haben besondere Loyalitätspflichten gegenüber dem Staat, Betriebsangehörige ebensolche gegenüber dem Betrieb, Christen gegenüber Bischöfen, Jesuiten gegenüber Päpsten.

Zur Gruppe loyal sein

Im Folgenden interessiert vor allem die besondere Loyalität, die sich aus Zugehörigkeiten ergibt. Nehmen wir das Beispiel der Loyalitätspflichten gegenüber der eigenen Großfamilie. Im Evangelium wird die denkwürdige Szene berichtet, wie die Mutter und die Brüder Jesu vor der Haustür Jesu in Kafarnaum stehen und ihn herausbitten (vgl. Mk 6,31–35). Die unausgesprochene Voraussetzung ist, dass der Sohn aufsteht, um der Bitte zu entsprechen, und zwar deswegen, weil die Bitte aus dem Clan kommt. Die Anstandspflicht gegenüber den Mitgliedern des Clans gebietet, dass der Sohn im Konfliktfall den Erwartungen von Mutter und Brüdern Vorrang gibt vor anderen Wünschen. Jesus widersetzt sich allerdings diesem Anspruch und lässt ausrichten: »Wer ist meine Mutter und wer sind meine Brüder? Und er blickte auf die Menschen, die im Kreis um ihn herumsaßen und sagte: Das hier sind meine Mutter und meine Brüder. Wer den Willen Gottes erfüllt, der ist für mich Bruder und Schwester und Mutter« (Mk 3,35). Mutter und Brüder werden in diesem Verhalten eine Illoyalität erblicken,[4] sowohl gegenüber den vorausgesetzten Sohnespflichten als auch wegen der peinlichen Situation, die für sie entsteht. Schließlich geschieht die Brüskierung öffentlich; alle Umstehenden erleben, wie der Clan zurückgewiesen wird.

Die Verletzung der besonderen Loyalitätspflichten ist keine lässliche Sünde. Im Ernstfall kann sie dramatische Folgen haben. Eindrücklich belegt dies das Gesetz in seinen Bestimmungen gegen den widerspenstigen Sohn: »Wenn ein Mann einen störrischen und widerspenstigen Sohn hat, der nicht auf die Stimme seines Vaters und seiner Mutter hört, und wenn sie ihn züchtigen und er trotzdem nicht auf sie hört, dann sollen Vater und Mutter ihn packen, vor die Ältesten der Stadt und die Torversammlung des Ortes führen und zu den Ältesten der Stadt sagen: Unser Sohn hier ist widerspenstig und störrisch, er hört nicht auf unsere Stimme, er ist ein Verschwender und Trinker. Dann sollen alle Männer der Stadt ihn steinigen, und er soll sterben« (Dtn 21,18–21). Hier klingt derselbe Vorwurf an, den auch Jesus sich anhören muss: »Dieser Fresser und Säufer« (Mt 11,19). Offensichtlich empfindet die Großfamilie aus Nazareth die Festmähler Jesu mit den Sündern als illoyal, da so das Erbe des Sohnes außerhalb der Familie verschleudert wird. Vielleicht ist dies auch der Hintergrund, warum Mutter und Brüder ihn in Kafarnaum aufsuchen und sprechen wollen. Wenn

Jesus an anderer Stelle das Gleichnis vom verlorenen Sohn erzählt, dessen Sünde darin besteht, dass er sein Erbe verprasste (vgl. Lk 15,13), dann spiegeln sich darin persönliche Erfahrungen.

Das Beispiel von Lk 15 zeigt aber auch: Im Evangelium wird keineswegs mit der Auffassung gebrochen, man habe besondere Loyalitätspflichten gegenüber dem eigenen Clan. »Entziehe dich deinen Verwandten nicht«, heißt es schon bei den Propheten (Jes 58,7). Das Gleichnis vom barmherzigen Vater im Lukas-Evangelium setzt zustimmend voraus, dass das Verprassen des Erbes eine Sünde ist. Der springende Punkt ist ein anderer. Im Falle Jesu scheint das Problem für die Familie eher darin zu liegen, dass der Sohn Feste außerhalb des Clans feiert, nämlich mit »Zöllnern und Sündern« (Mt 11,19), mit Nicht-Zugehörigen also. Es ist weniger das kostenaufwändige Festefeiern als solches, das empört, als vielmehr das Feiern außerhalb des Kreises der eigenen Leute. Die Kritik an Jesus ergänzt also den Begriff des »Prassens« um ein clanspezifisches Element: »Prassen« bedeutet: »Feste feiern außerhalb des Clans.«

Doch warum feiert Jesus Feste außerhalb von Nazaret, ja geradezu außerhalb des Clansystems? »Sünder« sind ja gerade die, die aus den Zugehörigkeitsbezügen herausfallen, weil sie als Sünder aus ihnen ausgestoßen und somit gebrandmarkt sind. Warum also feiert Jesus diese anstößigen Feste? Wohl deshalb, weil er einer höheren Loyalitätspflicht folgt, einer universalen Loyalität, die keinen Menschen ausnimmt, auch nicht die »Sünder«, die Abgestempelten, die schwarzen Schafe. Im Konfliktfall steht die universale Loyalität vor der besonderen Loyalität. Alle, die Gottes Willen tun, sind für ihn »Clan«, Schwester und Bruder und Mutter (vgl. Mk 3,35) – nebenbei gesagt ein Hinweis darauf, dass Jesus auch für die Sünder eine Botschaft hat, die sie zur Umkehr und Hinwendung zum Willen Gottes führt.

Die universale Loyalität kann, muss aber nicht im Konflikt zur Gruppensolidarität stehen. Die Gruppensolidarität ist zu befragen, ob sie im Konfliktfall prinzipiell den Vorrang verlangen darf oder ob sie sich übergeordneten Pflichten und Ansprüchen unterordnen soll. Wenn Gruppenloyalität der höchste aller Werte ist, dann haben Menschen unterschiedliche Grundrechte, je nachdem, ob sie zur Gruppe gehören oder nicht. Zugehörigkeit zu Nation, Hautfarbe, Partei, Konfession oder was auch immer mag besondere Rechte – und Pflichten – begründen, allerdings nur insoweit, als diese nicht mit universal geltenden Rechten und Pflichten in Konflikt stehen

Vom Wert der Gruppenloyalität

Zwischen dem Individuum und der universellen Menschheit gibt es die Größe der Gruppe, der Nation, des Clans, der Gemeinden, der Kirche – »konkrete Universalitäten«. Sie sind keineswegs etwas Schlechtes, sondern gehören zum Leben dazu wie Kaufen und Verkaufen, Essen und Trinken, Belohnen und Bestrafen. Die Vorstellung vom Individuum, das als Gegenüber nur noch die Menschheit kennt, ist abstrakt und verliert sich in Unverbindlichkeit. Konkrete Bindungen sind notwendig, damit Nächstenliebe gelebt werden kann. Wer sich von seinen Zugehörigkeiten immer weiter bloß lossagt, wird zum Schmetterling, der von Blüte zu Blüte flattert und keine einzige Blume wirklich kennenlernt.

In der jüdisch-christlichen Tradition wird dasselbe Prinzip der konkreten Universalität auch daran deutlich, wie Gott konkret in die Geschichte eintritt. Er erwählt ein bestimmtes Volk. Die Menschwerdung Gottes geschieht in einem bestimmten Menschen. Der Geist Gottes schenkt seine Gaben bestimmten Menschen und gibt sie in bestimmte Strukturen hinein. Ohne dieses konkrete Handeln bliebe auch Gott jenseits der Geschichte. Seine Liebe müsste sich weder bewähren noch könnte sie wirklich Beziehung aufnehmen.

Liebe schließt Loyalität ein, und zwar eine vorrangige Loyalität: Eltern haben gegenüber ihren eigenen Kindern mehr Pflichten als gegenüber den Kindern anderer Leute. Die Zuständigkeit für die Versorgung der eigenen Eltern hat Vorrang gegenüber der Zuständigkeit für die allgemeine Rentenversorgung; die eigenen alten Eltern dürfen mehr von ihren erwachsenen Kindern erwarten als alle anderen. Aus nationalen oder anderen Zugehörigkeiten ergeben sich Rechte und Pflichten, die ich anderen Clans, Nationen oder Gruppen gegenüber nicht ohne weiteres einklagen kann oder die mir gegenüber geltend gemacht werden können.

Universelle Solidarität geht also irgendwie immer durch das Nadelöhr der konkreten und somit besonderen Loyalität. Zu einer Schwarz-Weiß-Unterscheidung von besonderer Gruppensolidarität und universaler Menschheitssolidarität besteht kein Anlass. Das Evangelium von der universellen Nächstenliebe lässt sich auch nicht dafür instrumentalisieren. An vielen Stellen spricht Jesus in der Sprache der »Gruppe«. Er lässt sich nur zögerlich zur Heilung der Tochter einer Nicht-Jüdin überreden (Mt 15,21–28). Er unterschei-

det zwischen dem »Wir« der Gemeinde und den »anderen«, die nicht oder nicht mehr dazugehören, weil sie sich illoyal verhalten: »Hört er aber auch auf die Gemeinde nicht, so sei er für dich wie ein Nicht-Jude oder wie ein Zöllner« (Mt 18,17).
Gruppenloyalität ist die notwendige Voraussetzung für das Gelingen der universalen Loyalität. In der konkreten Loyalität wird Loyalität überhaupt erst eine Erfahrungsgröße. Schließlich kann auch universelle Loyalität nur konkret gelebt werden. Jesu Loyalität mit den Sündern ist eine Loyalität mit konkreten Sündern. Die Universalität dieser Loyalität kommt zum Ausdruck in der Grenzüberschreitung aus der eigenen Gruppe hin zu Menschen, die nicht zur Gruppe gehören, sondern entweder zu einer anderen Gruppe oder zu gar keiner Gruppe.

Grenzen der Gruppe überschreiten

Wie geschieht nun dieser Schritt zu den »Sündern«, zu den nicht Dazugehörenden? Die Antwort ist ganz einfach: durch Begegnung. Sie geschieht also nicht einfach aus eigenem Willen, sondern im Gehorsam gegenüber dem Willen Gottes, der mir in einer überraschenden, mich herausfordernden, kompromittierenden Situation begegnet. Das Evangelium erzählt viele Geschichten, die immer wieder auf diese eine Erfahrung hinauslaufen: Die Begegnung mit einem Menschen, der nicht in den Kreis des Clans, der Gerechten, des Volkes gehört, zieht Jesus in eine größere Solidarität hinaus. Auch Paulus fühlt sich gerufen, die Grenze zwischen Juden und Nicht-Juden zu überschreiten und sich mit Nicht-Juden an einen Tisch zu setzen, ohne von ihnen vorher die Eingemeindung in das volle Regelwerk der Tora zu verlangen. Der Ruf liegt wie ein »Zwang« auf ihm (1 Kor 9,16). Die Apostelgeschichte erzählt, wie die Jünger das Wirken des Geistes außerhalb ihrer eigenen Gruppe entdecken und sich auf das Wagnis einlassen, Einladungen anzunehmen, die sie eigentlich nicht annehmen dürfen (vgl. Apg 10,28f.).

Das führt zu Konflikten. Im Rückblick drückt Jesus einmal diese schmerzliche Erfahrung so aus: »Ich bin nicht gekommen, um Frieden zu bringen, sondern Spaltung« (Lk 12,51). Jesus beabsichtigt nicht die Spaltung. Mit seiner Grenzüberschreitung zu den Sündern, zu den Abgestempelten und Ausgestoßenen intendiert er eine größere Solidarität. Aber das Risiko der Konflikte ist offenbar unvermeidlich. Deren Vermeidung kann nicht der Grund sein, die Grenzüberschreitung zu unterlassen, wenn ich über die Grenze gerufen werde. Wenn die Zeit zum Umdenken »dran« ist (vgl. Mk 1,13), dann muss ich mich entscheiden.

Das wichtigste Kriterium, um den Schritt in die größere Loyalität von bloß chaotischer, zerstörerischer Grenzüberschreitung zu unterscheiden, ist die Haltung des Gehorsams gegenüber dem Willen Gottes, der in der inneren Stimme des Gewissens beziehungsweise in der Einsicht in eine konkrete Anwendung der Goldenen Regel erfahren wird: »Liebe deinen Nächsten wie dich selbst« (Mk 12,31). Schon im Alten Bund taucht die Goldene Regel auf. Zunächst wird sie noch im Sinne der Gruppenloyalität verstanden. »An den Kindern deines Volkes sollst du dich nicht rächen und ihnen nichts nachtragen. Du sollst deinen Nächsten lieben wie dich selbst« (Lev 19,18). Aber in der konkreten Begegnung mit dem Fremden wird sie erweitert. »Der Fremde, der sich bei dir aufhält, soll euch wie ein Einheimischer gelten und du sollst ihn lieben wie dich selbst« (Lev 19,34). Auch in der Begegnung mit dem Feind kommt sie zur Anwendung. Gerade gegenüber den Feinden gilt in der alten Clansolidarität ein anderes Gesetz: »Ja, einen Mann erschlage ich für eine Wunde und einen Knaben für eine Strieme« (Gen 4,23). Das Talionsprinzip hingegen (»Wunde für Wunde, Strieme für Strieme«, Ex 21,22) verpflichtet den Täter – den »Feind« – auf angemessenen Schadensersatz. Das bedeutet aber zugleich auch, dass er geschützt ist gegenüber maßlosen Vergeltungsansprüchen, zu denen sich die Clansolidarität ermächtigt fühlt. Die Goldene Regel wird also auch auf den Feind übertragen: »Liebe deinen Feind wie dich selbst« (vgl. Mt 5,44). Auch der Feind hat Anspruch auf Gerechtigkeit.

Die Grenzüberschreitung, von der hier die Rede ist, hat mit einer Entgrenzung des Begriffs des »Nächsten« zu tun. Nach innen hin, in die eigene Gruppe hinein, steht diese immer in Gefahr, als Aufkündigung der Gruppenloyalität erlebt und beurteilt zu werden. Der größeren Loyalität haftet der Geruch des Verrats an. Hier spalten sich die Wahrnehmungen zwischen der Gruppe und dem »Verräter« und führen in einen schier unauflöslichen Konflikt: Der »Verräter« wird seinen Schritt in die größere Loyalität letztlich immer als einen Ausdruck der Treue zu seiner Herkunft verstehen, während die Gruppe genau dasselbe als Verrat deutet. Der »Verräter« wird sich nicht als solchen verstehen. Seine »Illoyalität« ist für ihn ein Akt der Loyalität – auch der Loyalität gegenüber der Gruppe, aus der er kommt. Jesus versteht seine Regelübertretungen nicht als Ausdruck des Ungehorsams gegenüber dem Gesetz, sondern gerade als Ausdruck des Gehorsams. Er will die Tora »nicht aufheben, sondern erfüllen« (Mt 5,17). Er beansprucht, dass er nicht eine geringere, sondern eine größere Gerechtigkeit praktiziert als die Gruppe der Gerechten (vgl. Mt 5,20). Auch Paulus deutet seinen großen Tabubruch hin zu den Nicht-Juden als Akt der Treue zu seinem jüdischen Ursprung. Der »Glaube«, um den es ihm geht, ist schon bei Abraham zeitlich und in der Rangfolge vor dem »Gesetz« grundgelegt (vgl. Röm 4,3). »Gesetz« und »Glaube« sind nur dann ein Widerspruch, wenn sie gegeneinander ausgespielt werden.

Das ist aus der Perspektive der Gruppenloyalität nicht nachvollziehbar, es sei denn, man lässt sich auf die Perspektive der größeren Loyalität ein. Der »Verräter« ist, lange bevor er anfängt zu reden, schon durch sein Tun ein Prophet für seine eigene Heimatstadt. Er beabsichtigt dies nicht – auch wenn es ihm tausendmal unterstellt wird –, sondern es ist die Konsequenz seiner Grenzüberschreitung auf Grund des konkreten Rufes in die größere Loyalität. Er fordert mit dem, was er tut, automatisch die Seinen zum »Umdenken« (vgl. Mk 1,13) auf. Gerade deswegen ist er ihnen ein bleibender Dorn im Auge.

Autoritäten widersprechen

Ein eigener Fall der Grenzüberschreitung ist der Widerspruch gegenüber den Autoritäten. Autoritäten stehen in besonderer Weise für das Ganze einer Gruppe, auch einer religiösen Gruppe. In der katholischen Kirche gilt das für die päpstliche Autorität allemal. Die Loyalitätspflichten gegenüber den Autoritäten finden aber an derselben Stelle ihre Grenze wie die Loyalitätspflichten gegenüber der Gruppe.

Eine lange Scheltrede Jesu gegen die religiösen Autoritäten seiner Zeit beginnt mit dem Satz: »Die Schriftgelehrten haben sich auf den Stuhl des Mose gesetzt. Tut und befolgt also alles, was sie euch sagen, aber richtet euch nicht nach dem, was sie tun; denn sie reden nur, tun aber nicht, was sie sagen« (Mt 23,2). Es gibt also einen Stuhl des Mose, einen »heiligen Stuhl«, eine Autorität in Lehrfragen. Jesus anerkennt sie. Selbst wenn er die Leute, die diese Autoritätsposition derzeit innehaben, kritisch sieht, so reicht ihm schon die bloße Tatsache, dass sie das Amt innehaben, um Befolgung dessen zu verlangen, was sie lehren.

Damit stehen wir zunächst vor der Unterscheidung zwischen Amt und Person. Das Amt anzuerkennen bedeutet nicht, die Person für sakrosankt zu halten, die es besetzt. Die Kritik des Evangeliums an den Amtspersonen bezieht sich zunächst auf ihren Lebenswandel: Was sie »tun«, befindet sich in einem Gegensatz zu dem, was sie lehren. Wenn man die Scheltrede weiterliest, bekommt man einen Begriff davon, was Jesus mit diesem »Tun« konkret meint. Zunächst ist da die Eitelkeit gemeint, die Verfangenheit im Prestige-Denken (Verse 4–11). Sie ist das Grundübel. Die Amtsinhaber »verschließen den Menschen das Himmelreich« (V. 13);[5] sie setzen die Hürden für die Zugehörigkeit zur Gemeinschaft mit Gott so hoch, dass kaum einer dazugehören kann. Statt den vielen, die dazugehören wollen, endlich eine Tür zu öffnen, wenden sie übermäßig viel Energie darauf, Einzelpersonen, die gar nicht wollen, so lange zu bearbeiten, bis sie genauso, ja schlimmer geworden sind als sie selbst (V. 15). Mit spitzfindigen Unterscheidungen verlieren sie sich in Details und vergessen dabei den lebendigen Gott (V. 16ff.). Ihre Soziallehre fixiert sich auf Quisquilien

(V. 23f.), ihr Umgang mit dem Kult auf Reinlichkeit (V. 25), ihr Erscheinen vor der Außenwelt auf äußerliche Wirkung (V. 27), ihre Pflege der Tradition auf nachträgliche Idealisierungen (V. 29f.).
Manches in dieser Liste geht über den gewöhnlichen Begriff von »Tun« hinaus. Die auf dem Lehrstuhl des Mose sitzen, »tun« offensichtlich auch etwas mit der Lehre. Sie instrumentalisieren die Lehre, um etwas anderes damit zu erreichen. Und sie fügen der Lehre Eigenes hinzu, was sie für Lehre halten, obwohl es nicht zur Lehre gehört. Deswegen unterscheidet das Evangelium an anderen Stellen zwischen der Tora als dem Gesetz Gottes, dessen Lehre dem »Stuhl des Mose« obliegt, und der »Überlieferung der Alten«. »Warum halten sich deine Jünger nicht an die Überlieferungen der Alten?«, fragen die Amtsinhaber Jesus. Antwort: »Ihr gebt Gottes Gebot preis und haltet euch an die Überlieferung der Menschen« (Mk 7,5.8).
Zur Instrumentalisierung der Tora für andere Interessen liefert das Evangelium viele Beispiele. Zu den eindrucksvollsten gehört die Auseinandersetzung um die Ehebrecherin (Joh 8,1–11). Die Autoritäten pochen auf den Wortlaut des Textes, um Jesus in die Enge zu treiben. In der Reaktion Jesu wird ein weiterer Aspekt seines Verhältnisses zur Lehre deutlich: Die Tora ist mehr als nur ein Text. Der Text wird in den Sand geschrieben (V. 6); was bleibt, ist die menschgewordene Tora selbst, Jesus. Mehr als durch den Text wird also die Tora durch das lebendige Vorbild gelehrt. Vorbild lehrt durch »tun« (Mt 23,2). Man könnte es auch so formulieren: Jesus fordert die religiösen Autoritäten auf, vor allem auch durch ihr Tun zu lehren.
Die Unterscheidung zwischen Amt und Person ist auch für die kirchliche Tradition grundlegend. Für

Ignatius stand die Anerkennung der Autorität des kirchlichen Lehramtes außer Frage. In den Regeln des *sentire cum ecclesia*, des »Mitfühlens mit der Kirche« (GÜ 352–370), findet er dafür eine Formulierung, die an den Beginn der genannten Scheltrede erinnert. »Von dem Weißen, das ich sehe, glauben, dass es schwarz ist, wenn die hierarchische Kirche es so bestimmt« (GÜ 365). Hier ist die Autorität des Amtes selbst der Grund dafür, dass die Lehre angenommen werden soll. Das Amt bezeugt mir und legt mir vor zu glauben, dass bestimmte Dinge anderes sind als das, was ich sehe. Ich sehe einen Verbrecher am Kreuz und glaube, dass er der für uns hingegebene Sohn Gottes ist. Ich sehe ein Stück Brot und glaube, dass darin Christus gegenwärtig ist. Ich glaube den Aposteln und ihren Nachfolgern, die mir dies sagen.

Das ist die eine Seite. Die andere ist die, dass Ignatius keinen Gegensatz sieht zwischen der Kritik an kirchlichen Amtspersonen und dem *sentire cum ecclesia*: »Wie es also Schaden bringt, in Abwesenheit über die Vorgesetzten schlecht zum einfachen Volk zu reden, so kann es Nutzen bringen, von den schlechten Gewohnheiten zu denjenigen selbst zu sprechen, die ihnen abhelfen können« (GÜ 362).[6] Ein Blick auf seine Praxis zeigt, dass er das offene Wort gegenüber Autoritäten durchaus führte, sogar in Anwesenheit der Vorgesetzten und des Volks, also öffentlich.[7] Beispiel dafür sind seine Auseinandersetzungen mit den Päpsten um die Besetzung höherer kirchlicher Ämter durch Jesuiten. Ignatius setzt Himmel und Hölle in Bewegung, um solche Karrieren zu verhindern, obwohl Rom sie will. Bekannt ist auch sein Brief an Kardinal Carafa, den Leiter des Theatinerordens und späteren Papst Paul IV.[8] Im Sinne des Evangeliums kritisiert er darin die mangelnde Armut in der Lebensführung des Theatiners, welche die Glaubwürdigkeit seiner Reformbotschaft in Frage stelle. Davon wird später noch genauer die Rede sein.

Autorität und Eitelkeit

Kehren wir noch einmal zu dem Punkt zurück, warum das Evangelium die Eitelkeit im »Tun« der Autoritäten für das Grundübel hält. Ein Amt ist mit Erwartungen verbunden. Diese Erwartungen werden Amtsinhabern zuerst einmal nicht auf Grund ihrer persönlichen Kompetenz und Authentizität entgegengebracht, sondern auf Grund ihres Amtes. Das gilt auch dann, wenn sie persönlich kompetent und authentisch sind. Sie haben den Glaubwürdigkeits-Bonus als »Schriftgelehrte und Pharisäer«, als Lehrer, Priester, Politiker, Bischöfe, Chefs. Zynismus gegenüber dem Amt geht meist auf enttäuschte Erwartungen zurück.

Weil Autoritäten auf Grund ihres Amtes mit hohen Erwartungen an die Person konfrontiert sind, stellt sich ihnen das Eitelkeitsproblem sozusagen von Berufs wegen. Amtsinhaber stehen in der Versuchung, die Dynamik der Erwartungen an sie nicht auf die Tatsache ihres Amtes, sondern auf die Besonderheit ihrer Person zurückzuführen. Deswegen ist Eitelkeit ihre Falle. »Schriftgelehrte und Pharisäer« sind sozusagen tendenziell eitel. Das ist nicht als moralische Aussage über Personen gemeint, sondern als Versuchung von Amts wegen.

Eitelkeit ist bei Autoritäten keine liebenswürdige Schwäche. Vom eitlen zum tyrannischen Chef ist der Schritt nicht weit. Den tyrannischen Amtsträger erkennt man daran, dass er sich nach Komplimenten erkundigt; dass er Fragen stellt, die zu positiven Rückmeldungen Anlass geben; dass er der Laudatio seiner Person das Selbstlob hinzufügt; dass er gekränkt ist, wenn er von den Mitarbeitern nicht geliebt wird; dass loyale Kritik ihn persönlich verletzt; dass er zwischen Guten und Bösen in der Gruppe unterscheidet, je nachdem, wie sie sich seiner Person gegenüber verhalten.

Zum eitlen Typ gehören die Hofschranzen wie die Fliegen zum Licht. Sie übernehmen die Lufthoheit über die Stammtische der Untergebenen in dem Maß, wie es Autoritäten gelingt, kritische Stimmen zum Verstummen zu bringen. Sie identifizieren sich mit dem Kränkungsschmerz des Königs und besorgen stellvertretend das Abwürgen der Kritik. Am Ende dieser Prozesse steht die Spaltung zwischen Außen und Innen. »Ihr seid wie Gräber, die außen weiß angestrichen sind und schön aussehen; innen aber sind sie voll Knochen, Schmutz und Verwesung« (Mt 23,27). Der König und seine Schranzen befassen sich immer mehr mit der Pflege von Fassaden und mit der Hofberichterstattung. Je mehr sich dieser Prozess steigert, umso gefährlicher wird der offene Widerspruch.

Wie im Falle der Gruppenloyalität ist die Kritik an der Autorität in dieser Situation gerade nicht illoyal, sondern loyal. Wenn allerdings unter Loyalität zu verstehen ist, sich am Polieren der Fassade, am Klatschen und Fähnchenschwingen zu beteiligen, wird man ein offenes Wort immer als Illoyalität deuten. Hier stehen wir vor derselben unüberwindlichen Wahrnehmungsdifferenz wie im Falle des »Verrats« an der Gruppenloyalität. Der illoyale »Verräter« versteht sich als loyal, wenn er um der Zukunft des Ganzen willen auf das hinweist, was sich hinter der schönen Fassade tut. Weil aber diese Kritik für den Fassadenkult bedrohlich ist, wird sie als illoyal abqualifiziert.

Mit Druck und Strafe umgehen lernen

Dem Verräter droht im Falle der Illoyalität Druck aus der Gruppe. Dieser wird von der Gruppe und – im Falle der Kritik an Autoritäten – insbesondere von den Schranzen besorgt. Beschimpfungen, Unterstellungen, Kündigung von Freundschaften, abwehrendes Schweigen oder auch Spott erwarten ihn. Schließlich muss er damit rechnen, von den zuständigen Autoritäten bestraft zu werden – ausdrücklich durch Ausschluss aus der Gruppe oder weniger ausdrücklich durch Kommunikationsverweigerung, Karriereknicks, Entzug von Privilegien und vieles andere mehr.
Wie kann man mit diesem Druck umgehen? Entscheidend ist zunächst, dass der »Verräter« den Vorwurf der Illoyalität nicht selbst internalisiert. Dazu bedarf es eines klaren Kopfes. Auch wenn er oder sie durch Kommunikationsabbruch oder gar Rauswurf bestraft wird, so darf er sich nicht selbst als illoyal verurteilen und die Strafe mit innerer Zustimmung akzeptieren.
Der Typ des loyalen Kritikers ist konservativ – obwohl er anders erlebt wird. Um den Vorwurf der Illoyalität nicht zu internalisieren, hält er innerlich Kontakt mit der Tradition, aus der er kommt. Er verurteilt sie nicht in Bausch und Bogen, vielmehr findet er in seiner Tradition die Kriterien, die es ihm möglich machen zu erkennen, dass sein Widerspruch nicht illoyal ist, sondern loyal. So bleibt er in einer inneren Einheit verbunden mit denen, die ihn abstrafen.

Der Typ des loyalen Kritikers versteht sich, wenn er abgestraft wird, nicht nur als Opfer. Oft gibt es gar keine Möglichkeit, Verengungen in der eigenen Gruppe oder Fehlentwicklungen im System zu kritisieren, ohne zugleich zu wissen, dass man etwas Verbotenes tut, auf das Strafe steht. Es gibt hier eine enge Verwandtschaft mit der Tradition des gewaltfreien Widerstandes. Die Sabbatbrüche Jesu, der Einspruch Friedrich Spees gegen die Hexenprozesse, die öffentliche Passverbrennung Gandhis in Südafrika, Orhan Pamuks Auftreten in der Kurdenfrage – das alles sind ja Regelverletzungen, aktive Vorgänge, in denen Kritiker zu »Tätern« werden. An diesem eigenen Täter-Bewusstsein festzuhalten ist wichtig, weil dadurch der Kontakt zur eigenen Würde erhalten bleibt. Wer sich nur als Opfer versteht, endet in der Bitterkeit, im bloßen Schimpfen und Jammern.

Eine weitere Unterscheidung kann hilfreich sein, um mit dem Druck und der Abstrafung aus den eigenen Reihen umzugehen. So wie Jesus im Evangelium die Legitimität der Autorität des Heiligen Stuhls (vgl. Mt 23,2) seiner Zeit anerkennt, so gehört zum loyalen Kritiker die Annahme der Strafe auf Grund der Anerkennung der Autorität, die ebendiese Vollmacht hat zu »binden und zu lösen« (Mt 16,19). Das bedeutet keineswegs, dass der loyale Kritiker der Strafe inhaltlich zustimmt; vielmehr hofft er auf eine Veränderung im System, an deren Ende sein Verhalten verstanden und nicht mehr bestraft wird. Aber der loyale Kritiker ist – im Gegensatz zu den Vorwürfen, die ihm entgegenschlagen – keineswegs ein Chaot, sondern ein Mensch der Ordnung. Es empört ihn nicht, dass es überhaupt so etwas wie Autoritäten, Regeln und Ordnungsmaßnahmen gibt. Es bedrückt ihn viel-

mehr, dass die, die auf dem »Heiligen Stuhl« sitzen, die Autorität ihres Amtes durch ihr Agieren selbst beschädigen.
»Warum trittst du nicht einfach aus?« Diese Frage stellen nicht nur Außenstehende, sondern auch eigene Leute dem loyalen Kritiker nach dem Motto: »Tritt doch aus, dann haben wir endlich Ruhe vor dir.« Der loyale »Verräter« lässt sich seine Zugehörigkeit aber nicht absprechen, auch nicht von den Seinen, die sich gegen ihn wenden. Dazu bedarf es eines Wissens um die Ursprünge der eigenen Zugehörigkeit zum System. Vom heiligen Bernhard von Clairvaux, der als ausgezeichneter Prediger bekannt war, wird eine Geschichte erzählt: Als er eines Tages in einer überfüllten Kirche predigte, waren die Zuhörer tief beeindruckt. Da kletterte der Versucher auf Bernhards Schulter und flüsterte ihm zu: »Bernhard, du bist wirklich ein hervorragender Prediger.« Darauf erwiderte Bernhard: »Wegen dir habe ich nicht angefangen, wegen dir werde ich auch nicht aufhören.« Dieser Satz könnte das Motto für jede und jeden sein, den die Seinen am liebsten loswerden möchten: »Nicht wegen dir gehöre ich dazu, wegen dir werde ich auch nicht aufhören dazuzugehören.« Es gibt Gruppen, zu denen man wegen der Menschen in der Gruppe dazugehören will. Aber in Familien und Nationen wird man geboren. Und was die Kirche betrifft, so gibt es auch sie nicht einfach deswegen, weil ihre Mitglieder wollen, dass es sie gibt. In der Taufe werde ich, auch dann, wenn ich auf Grund eigener Entscheidung in sie eintrete, in sie hineingeboren (vgl. Joh 3,5). Darin liegt der Ursprung der Zugehörigkeit zur Kirche. Konflikte mit einzelnen Personen und Amtsträgern in der Kirche können deswegen die Basis der Zugehörigkeit nicht beschädigen.

Ein Blick auf die klassischen Vorwürfe gegen »Verräter« gibt auch Auskunft über das Profil des loyalen Kritikers. Die Anschuldigungen greifen Elemente dessen, was der loyale Kritiker tatsächlich tut, auf, allerdings in verdrehter, gegenteiliger Wahrnehmung. Alles, was er widersprechend tut, kann gegen ihn gewendet werden – weil er eben der Verräter ist. Aber genau dies ermöglicht es auch, den Vorwurf als Kompliment zu lesen, die Schmach als Ehre (vgl. GÜ 167). Nehmen wir als Beispiel den klassischen Vorwurf der Nestbeschmutzung. Weil Kritik der eigenen Reihen den schönen Schein durchbricht, hat sie tatsächlich etwas mit »Schmutz« zu tun. Sie weist auf den Schmutz in diesen Reihen hin, um zum Säubern zu ermuntern. Im verdrehten Echo der »Nestbeschmutzung« kommt diese Wahrheit zum Vorschein.

Dasselbe gilt für die Pathologisierung des Widerspruchs: »Er ist von Sinnen« (Mk 3,21). Tatsächlich bricht ja der »Verräter« aus der gruppeninternen Logik aus. Für ihn ist nicht mehr selbstverständliche Regel, was für alle anderen selbstverständliche Regel ist: dass man keine Frau anderer nationaler oder religiöser Zugehörigkeit heiratet; dass man niemals eine Autorität aus der Gruppe öffentlich zurechtweist; dass man nicht an das dunkle Tabu der Nation rührt; dass man keine dummen Fragen stellt. Der Ausbruch aus der Logik des Systems ist einer höheren Logik geschuldet. Was als »Torheit« gilt, ist eigentlich »Weisheit« (vgl. 1 Kor 1,23).

Da der Illoyale in der eigenen Gruppe höchste Prominenz genießt – die ganze Gruppe ereifert sich ja unentwegt über ihn –, kann ihm genau dies als Intention unterstellt werden: Er tut, was er tut, um in der eigenen Gruppe aufzufallen; er ist ein Selbstdarsteller, einer, der sich immer in den Mittelpunkt stellen muss. Auch hier ist richtig: Immer wenn sich jemand in seiner Gruppe oder Gemeinde mit einem Widerspruch zu Wort meldet, muss er Öffentlichkeit in Kauf nehmen oder sogar aktiv wollen. Er hat in diesem Sinne ein bewusstes Verhältnis zur politischen Seite seines Agierens. Der Vorwurf der Selbstdarstellung legt die unpolitische Mentalität derer bloß, die ihn erheben.

Schließlich wird der Kritiker zum Inbegriff des Feindes: Hass wird ihm als Motiv seines Widerspruchs unterstellt, Lieblosigkeit, Feindseligkeit. Auch zeigt sich verdreht die Rechnung, die jeder loyale Kritiker durchrechnen muss: Kritik fügt Schmerzen zu. Aber es ist unvermeidlich, die bittere Pille zu reichen, wenn der Patient gesund werden soll. Die Unterlassung der Kritik wäre ein Akt der Lieblosigkeit, der auf Dauer noch mehr schmerzt. Die Menschen verletzen einander oft gerade dadurch, dass sie einander nicht verletzen wollen.

2. Anlauf: Loyale Kritik oder falsche Selbstsicherheit?

Nach dem bisher Gesagten stellt sich die Frage, woher denn der loyale Kritiker seine Sicherheit im Urteil nimmt. Wie unterscheidet er sich denn als Kritiker der »Pharisäer und Schriftgelehrten«[9] von diesen, wenn er sie selbst an Arroganz doch zu übertreffen scheint? In der Außenwirkung reizt der »Verräter« gerade durch seine unerschütterliche Selbstsicherheit. Er wirkt wie der Meta-Pharisäer, der sich über die Pharisäer erhebt: »Lieber Gott, ich danke dir dafür, dass ich nicht so bin wie diese Pharisäer, wie diese Autoritäten, wie diese blinden Clanführer« (vgl. Lk 18,11). Vom Evangelium her lässt sich ihm vorhalten, dass ihm Richten nicht zusteht: »Richtet nicht, damit ihr nicht gerichtet werdet« (Mt 7,1). Seine Kritik hat aber die Form eines Urteils über das Verhalten anderer. Gilt hier nicht das Verdikt des Paulus: »Darum bist du unentschuldbar, wer du auch bist, Mensch, wenn du richtest. Denn worin du dich richtest, darin verurteilst du dich selbst, da du, der Richtende, dasselbe tust« (Röm 2,1)?

Der selbstsichere Kritiker

Auch das Gesetz der Wahrscheinlichkeit müsste den »Verräter« selbstkritisch stimmen, insofern er ja in der Regel als Einzelner der Gruppe gegenübersteht. Wenn nämlich einer gegen viele steht, dann ist die Wahrscheinlichkeit, dass der eine das Problem ist, größer als die Wahrscheinlichkeit, dass die vielen es sind. Der

Geisterfahrerwitz macht das Problem deutlich: Ein Geisterfahrer hört im Autoradio die Warnung vor einem Geisterfahrer. Er schüttelt den Kopf und fragt: »Wieso nur ein Geisterfahrer? Da sind doch viele!« Es kann zwar theoretisch den Fall geben, dass der eine recht hat und die vielen nicht, aber gerade hier taucht schon das nächste, ebenfalls aufreizende Problem auf. Wenn Jesus als der Eine gegen die Vielen stand und die Vielen sich darin täuschten, dass er ein Verbrecher, Versager oder Verräter war, dann greift der loyale Kritiker sehr hoch, wenn er sich in diese Reihe von Vorbildern stellt. Das wirkt hochmütig. Um es in der Geisterfahrersprache zu sagen: Aus der Tatsache, dass mir alle Autos entgegenkommen, kann ich nicht schließen, dass ich in der Kreuzesnachfolge stehe. Letztlich aber definiert sich der »Verräter«, sofern er sich als loyalen Teil des Ganzen versteht, immer in einer Kreuzes-Situation, in der ja tatsächlich der Eine zum Heil des Ganzen gegen die Vielen steht und die Vielen als Sünder, der Eine aber als Gerechter erfunden wird – und dies in striktem Gegensatz zu den Vorstellungen der »Gerechten« über den »Sünder«. Steht dem loyalen Kritiker diese Zuordnung überhaupt zu?
Zur Selbstsicherheit reiht sich der Eindruck der Unbarmherzigkeit. Die Kritik kommt trotz aller loyalen Intentionen meist unerbittlich daher. Der »Verräter« wirkt in seiner Kritik an der Gruppe, der Gesellschaft, den Autoritäten unbarmherzig. Eigentlich stellt sich dieser bedrängende Eindruck schon im Evangelium selbst, in der unerbittlich harten Kritik Jesu an den Pharisäern. Von einer neutralen Perspektive her könnte man geradezu Mitleid mit ihnen bekommen. Verletzt der loyale Kritiker nicht eigentlich das Gesetz der

Liebe? Er kann es ja selbst bis zum Kommunikationsabbruch treiben. Als die Pharisäer Jesus in einen Disput über seine Vollmacht verwickeln wollen, stellt Jesus ihnen eine Gegenfrage, auf die diese nicht antworten wollen. Daraufhin sagt Jesus: »Dann sage auch ich euch nicht, mit welchem Recht ich das alles tue« (Mt 21,27).
Der Eindruck von Hochmut und Unbarmherzigkeit kann die inhaltlichen Aspekte des Widerspruchs so sehr überlagern, dass sie dahinter verschwinden. »Er mag ja recht haben oder vielleicht mit einigem von dem, was er sagt, etwas Richtiges sehen – aber sein Auftreten ist unerträglich.« Im Falle Jesu führt das Image seiner Persönlichkeit dazu, dass der Widerstand schon da ist, bevor Jesus gesprochen hat (Mk 3,2). An anderer Stelle werden die positiven Früchte seines Wirkens nicht anerkannt, weil sein Auftreten insgesamt es scheinbar unmöglich macht: »Nur mit Hilfe von Beelzebul, dem Anführer der Dämonen, kann er die Dämonen austreiben« (Mt 12,24). Mit anderen Worten: Sein Auftreten ist so, dass auch das Gute, das von ihm ausgeht, dadurch desavouiert wird. Steht schließlich nicht an anderer Stelle, dass auch der Anti-Christ Wunder wirken kann (vgl. Offb 13,14)?

Sich selbst kritisieren

Alle diese Fragen sind natürlich nicht nur solche, die von außen auf den »Verräter« einstürmen. Sie finden ihr Echo im Inneren des Kritikers, gerade dann, wenn er sich als bleibend loyalen Teil des Ganzen versteht. Umso wichtiger ist es tatsächlich, die eingangs gestellte Frage zu wiederholen: Woher bezieht der loyale Kritiker die Sicherheit in seinem Urteil, und zwar so-

wohl bezüglich des Inhaltes seines Widerspruchs als auch bezüglich der Loyalität seiner eigenen Person?
Die Antwort ist in dem Prozess zu suchen, den ein Mensch durchläuft, der aus innerer Zugehörigkeit heraus in einen öffentlichen Widerspruch zu seiner Gruppe, Kirche oder Gesellschaft tritt. Wenn ein solcher Prozess nicht stattgefunden hat, dann ist davon auszugehen, dass wir es eher mit einem Geisterfahrer zu tun haben als mit einer prophetischen Begabung. Der Geisterfahrer zeichnet sich ja gerade dadurch aus, dass ihn die Befremdung durch die ihm entgegenkommenden Autos und durch den Hinweis aus dem Autoradio nicht öffnet für einen Prozess der Selbstkritik. Vielmehr organisiert er seine Wahrnehmung der Verhältnisse so, dass er sich selbst nicht verändern muss.
Am Anfang eines Prozesses, der im loyalen Widerspruch mündet, steht nämlich die Selbstkritik. Der Prozess wird nicht durch theoretische Einsicht in seine Notwendigkeit ausgelöst, sondern durch konkrete Erfahrung, die meist mit Schmerzen verbunden ist. »Bei denjenigen, die von Todsünde zu Todsünde gehen, ... wendet der gute Geist die entgegengesetzte Weise an, indem er ihnen durch die Urteilskraft der Vernunft die Gewissen sticht und beißt« (GÜ 314), schreibt Ignatius in den Regeln zur Unterscheidung der Geister für die Erste Woche, also für die Zeit der Umkehr. »Stechen und beißen« ist eine unwillkommene Erfahrung. Im Gewissensschmerz ruft der Geist zur Umkehr. Das ist der Ausgangspunkt des Prozesses. Es gibt Interessen, sich diesem Schmerz nicht auszusetzen. In derselben Regel beschreibt Ignatius, wie »der Feind« es in dieser Situation vorzieht, »gewisse Annehmlichkeiten vorzulegen ..., um sie (die Person) mehr in ihren Lastern und Sünden zu erhalten und zu

mehren« (GÜ 314). Dabei ist natürlich vorauszusetzen, dass der Sünder, solange er sich noch auf dieser Vorstufe zum eigentlichen Umkehrprozess befindet, seine Sünde nicht klar als Sünde erkennt. Die wesentliche »Annehmlichkeit«, die »der Feind« zu bieten hat, ist ja die Einschätzung: »Mit dir ist alles in Ordnung.« Insofern meldet sich der Geist Gottes in dieser Situation zunächst als Störer der eigenen, inneren Ordnung, als leiser Zweifel, als heimlicher Kummer über die eigene Unfreiheit (vgl. Röm 7,17), als scheinbar grundlose Traurigkeit (vgl. Mk 10,22), als Trostlosigkeit am Grund des oberflächlichen Dauerspaßes, als verwirrender Gedanke im sonst plausiblen Gedankengebäude.

Der Hauptgrund, warum es so schwer ist, das »Stechen und Beißen« des Geistes zuzulassen, besteht darin, dass dadurch nicht nur Einzelheiten im Selbstverständnis in Frage gestellt werden, sondern das gesamte Selbstverständnis. Als Paulus dem Geist Gottes begegnet, merkt er, dass er seine ganze Auffassung der Tora und sein Feindbild der von ihm bekämpften Urkirche ändern und nicht »bloß« mit dem Morden aufhören soll; sein Morden hängt ja mit seinem Selbstverständnis zusammen. Als Friedrich Spee sich dem schwerwiegenden Verdacht zu öffnen beginnt, dass vielleicht alle Frauen, die wegen Hexerei zum Scheiterhaufen verurteilt waren, unschuldig sind, da wird ihm ein ganzes System aus juristischer Gelehrsamkeit und gesellschaftlichem Konsens fraglich. Es steht ein Prozess grundlegenden Umdenkens an, nicht nur die Veränderung oder Unterlassung bestimmter Handlungen.

Der biblische Begriff der *meta-noia* – meist als »Umkehr« oder »Umdenken« übersetzt – meint genau diesen Vorgang umfassender Selbstkritik, der mich und das Ganze, in dem ich stehe, betrifft. Das Evangelium beginnt mit diesem Ruf: »Denkt um!« (Mk 1,15). Damit sind nicht nur bestimmte Verhaltensweisen gemeint, sondern die Grundlagen des eigenen und zugleich vorherrschenden Denkens: Geld zu scheffeln, statt zu teilen, Prestige anzuhäufen, statt wie ein Kind zu werden, die Regeln des Clans zum allgemeinen Gesetz zu erheben, das Recht als Instrument der Machtausübung zu nutzen, statt mit ihm den Menschen und damit auch Gott zu dienen.

Der Ruf zum Umdenken ergeht in konkreten Situationen. Jesus spricht den Ruf zum Umdenken nach der Gefangennahme Johannes' des Täufers. Diese wird ihm zum »stechenden und beißenden« Ereignis, das ihn ebenso wie die Seinen vor große Entscheidungen im Selbstverständnis stellt: Wenn ich in der Freiheit des nahenden Reiches Gottes (vgl. Mk 1,15) leben will, muss ich mich aus dem Denken lösen, mit dem ich selbst an der Gefangennahme und Ermordung der Propheten beteiligt bin, und sei es durch bloßes Zuschauen – quasi selbst unter Zwang (vgl. Röm 7,14) stehend. Genauso muss Friedrich Spee erkennen, dass er als Beichtvater der »Hexen« Teil des Systems ist. Er muss sich aus dem Ganzen des alten Denkens lösen, um frei zu werden für den Widerspruch, die *Cautio Criminalis*[10].

In der bereits zitierten Regel zur Unterscheidung der Geister setzt Ignatius die Gewissensstimme mit der Vernunft gleich: »... indem er ihnen durch die Urteilskraft der Vernunft die Gewissen sticht und beißt« (GÜ 314). Die Chance, die durch das »Stechen und Beißen« eröffnet wird, ist die zum Selbst-Denken. Man könnte den Imperativ »Denke um« geradezu übersetzen mit: »Denke selbst! Trau der Tätigkeit der Vernunft in dir. Trau deinen eigenen Augen und Ohren.«[11] Friedrich Spee entdeckt, als er sich mit den Hexenprozessen befasste, dass hinter dem Schein hochgelehrter, professoraler Vernünftigkeit plumpe Irrationalität steht: Es gibt Hexenprozesse nicht deswegen, weil es Hexen gibt, sondern es gibt Hexen, weil es Hexenprozesse gibt. Die Vernunft ist es, welche die Unvernunft entlarvt.

Im Prozess des Umdenkens wächst Vertrauen in die Möglichkeit, durch Selbstdenken zu verlässlichen Urteilen über die Wirklichkeit zu kommen. Vertrauen und Vernunft ergänzen einander. Umdenken im Sinne des Evangeliums hat den Aspekt der Selbstentdeckung der Vernunft und damit auch den des Selbstvertrauens. Dies ist die Stelle, wo der »böse Feind der menschlichen Seele« in höchste Panik gerät: »Bei denjenigen, die intensiv dabei sind, sich von ihren Sünden zu reinigen und im Dienst Gottes, unseres Herrn, vom Guten zum Besseren aufzusteigen, ist es die umgekehrte Weise wie in der ersten Regel: Denn dann ist es dem bösen Geist eigen, zu beißen, traurig zu machen und Hindernisse aufzustellen, indem er mit falschen Gründen beunruhigt, damit man nicht weitergehe« (GÜ 315). Umgekehrt steigert die Selbstkritik – und eben gerade nicht die Kritik an den anderen – das Selbstvertrauen als Vertrauen in die eigene Fähigkeit, zu Erkenntnissen über sich und die Wirklichkeit zu gelangen, auch dann, wenn sie zunächst bitter schmecken und nicht »annehmlich« sind: »Und es ist dem guten Geist eigen, Mut und Kräfte, Tröstungen, Tränen, Eingebungen und Ruhe zu schenken, indem er erleichtert und alle Hindernisse entfernt, damit man in guten Werken weiter vorangehe« (GÜ 315). Vielleicht sind es ja diese »Kräfte« und die »Ruhe«, die dann am

»Verräter« als unerträgliche Selbstsicherheit erlebt werden.

Das System kritisieren

Paulus macht bekanntlich einen Unterschied zwischen »der Sünde« – im Singular – und den einzelnen »Sünden«; Letztere sind einzelne Übertretungen von Geboten und Regeln, während Erstere als die Macht verstanden wird, die *macht*, dass wir sündigen (vgl. Röm 7,14 ff.). Die Betrachtungen der Ersten Woche der Exerzitien greifen diese Unterscheidung auf. Die eigenen Sünden werden im Zusammenhang mit der »Engelssünde« (GÜ 50) und der »Sünde von Adam und Eva« (GÜ 51) meditiert. Dieser enge Zusammenhang zwischen der einen Sünde und den vielen Sünden hat zur Folge, dass das »Stechen und Beißen« des Geistes Gottes den Sünder nicht nur auf seine Sünden aufmerksam macht, sondern auch auf die Sündigkeit des Systems, in dem er lebt und sündigt.
Damit ist am Anfang des Umkehrprozesses schon eine Art von »Loyalität« mit dem später kritisierten System gegeben, und zwar durch die gemeinsame Verstrickung. Der Prozess lässt sich nicht auf das Individuum reduzieren. Man schreitet ja gemeinsam und über Jahre hinweg »von Todsünde zu Todsünde« (GÜ 314). Der Kritiker ist »loyal« gerade auch dann und deswegen, weil er weder sich selbst noch das Ganze aus der Kritik herausnimmt. Es wäre ja ein Leichtes, sich selbst bloß als Opfer des Systems der Sünde zu definieren und damit seine innere Zugehörigkeit zum Ganzen zu verleugnen. Der loyale Kritiker gehört bleibend dazu, auch wenn er nun sehend geworden ist für die Schattenseiten der Denkart, aus der er stammt. Paulus muss

ein Leben lang darauf achten, dass er nicht wieder zum Ideologen wird, nachdem er der Falle der Ideologie entronnen ist. Petrus ist auch nach der Begegnung mit dem Auferstandenen von der Angst gefährdet, die ihn dazu brachte, Jesus zu verleugnen; es ist ja kein Zufall, dass gerade er wieder die Griechen am Tisch verleugnet, als die Leute um den Herrenbruder Jakobus den Raum betreten (Gal 2,12). Die Widerständler müssen erkennen, dass sie selbst mitgewirkt haben an den Zuständen, die sie jetzt bekämpfen, und dass sie immer versucht sind, bloß zum *status quo ante* – zum früheren Zustand – zurückzukehren. Wer ausländerfeindliche, homophobe oder andere ausgrenzende Einstellungen mit der Muttermilch aufgesogen hat, legt diese nicht von heute auf morgen ab. Die Einstellungen tauchen in ihm immer wieder auf, in Form von Gefühlen der Feindseligkeit, des Ekels oder des Dünkels. Sie begleiten ihn als Versuchungen auf dem Weg. Am Ende der Versuchungsgeschichte Jesu heißt es: »Nach diesen Versuchungen ließ der Teufel *für eine gewisse Zeit* von ihm ab« (Lk 4,13).

Selbstkritik ist also nicht bloß individualistisch zu verstehen. Das kritisierte Selbst steht nicht isoliert da. Es ist eine Verkehrung der biblischen Sicht auf den Menschen, ausgerechnet den Prozess der Umkehr individualistisch einzuengen, da doch gerade in dieser Sicht die Sünde des Einen immer Auswirkungen auf die Sünden aller hat (vgl. Röm 5,15ff.). Zu vollständiger Reue gehört neben der Einsicht in die eigenen Sünden – im Plural – eben auch die Einsicht in die Sünde – im Singular – *aller*. So wie die Sünde des Einen immer eine Wirkung auf die Vielen hat, so hat die Umkehr des Einen auch eine Bedeutung für die Vielen. Dies zu verschweigen wäre Verrat an der Umkehr.

»Reich Gottes« drückt ja die Hoffnung auf eine Gemeinschaft aus, in der nicht nur einzelne Menschen als Sünder reuig und dann auch mit der Bereitschaft und Kraft zu guten Werken eintreten, sondern in der die Macht der Sünde selbst besiegt und eine »neue Schöpfung« (Gal 6,15) geworden ist.

Aus dieser Einsicht ergeben sich Konsequenzen. Erstens folgt der Selbstkritik der Schritt in das offene Wort gegenüber der Denkungsart in der eigenen Gruppe, Kirche oder Gesellschaft. Die Sünde aller – im Singular – muss benannt werden, da sie im Zusammenhang mit der eigenen Sünde steht. Wenn Friedrich Spee entdeckt, dass er in seiner Funktion als Beichtvater Teil des Systems ist, dann reicht es nicht, mit dem Beichthören vor dem Anzünden der Scheiterhaufen aufzuhören; vielmehr steht auch an, das Schweigen zu brechen und Einspruch gegen das System der Hexenprozesse einzulegen. Wenn ich im Schweigen über die Gräuel des Nationalsozialismus oder des Stalinismus groß geworden bin und dies nun entdecke, dann höre ich mehr als nur das Schweigen, das mich umgab. In der Umkehr der Ersten Woche der Exerzitien geht es nicht nur um »mich«.

Zweitens ist die Kritik mit einer Vision verbunden. Das Nein zur Sünde ist konstruktiv, aufbauend für das Ganze, nicht bloß verneinend. Deswegen ist es ja auch mit der Erfahrung von Mut, Kraft, Trost und Ruhe verbunden (vgl. GÜ 315). Wenn Israel in der Sklaverei entdeckt, dass es sich selbst entwürdigt, wenn es sich an die Sklaverei gewöhnt und sie fatalistisch annimmt, dann wird dahinter eine Vision von Freiheit und Würde sichtbar, die schließlich auf der Wanderung durch die Wüste am Berg Sinai in einem neuen Gesetz bestätigt wird, in einem Gesellschaftsentwurf ohne Sklaverei. Wenn Ignatius sich auf dem Krankenbett von der Vision verabschiedet, am königlichen Hof von Kastilien zu brillieren, ahnt er bereits einen schöneren Dienst an einem höheren Hof und beginnt in der Vorfreude darauf zu leben. Wem es geschenkt wird, seinen klerikalen Dünkel zu durchschauen und abzulegen, findet Brüder und Schwestern in der Kirche, denen er nahe sein und dienen darf: »Wir sind nicht Herren eures Glaubens, sondern Diener eurer Freude« (vgl. 2 Kor 1,24).

Schließlich hilft die Einsicht in den Zusammenhang meiner individuellen Sünden und der Sünde aller, loyalen und zugleich kritischen Widerspruch vom selbstgerechten Richten anderer Personen zu unterscheiden. Die eifernden Bußprediger sind unpolitisch im eigentlichen Sinne des Wortes. Sie reden zum Ganzen, aber nicht aus dem Ganzen. Sie haben die »Umkehr« immer schon hinter sich. Dabei ereifern sie sich in Schimpftiraden und steigern sich bis hin zu offener Wut auf die anderen. Loyaler Widerspruch hingegen zeichnet sich dadurch aus, dass er auch mit leisen Tönen schon das Ganze zum Wanken bringen kann. Das offene Wort muss nicht laut sein, um zu wirken. Es hat eine Ähnlichkeit mit dem Steinchen in der Steinschleuder des David. Es muss sich auch für den Fall, dass es einmal laut auftritt – als Schmerzensschrei, als Unterbrechung – nicht ständig wiederholen. Die Kraft des offenen Wortes kommt gerade dadurch, dass es in einer inneren Verbindung zum Ganzen steht. Die Kraft liegt in der Loyalität des Widerspruchs.

Aus Mitleid kritisieren

Unsere Ausgangsfrage lautete: Was gibt dem loyalen Kritiker die Sicherheit im Urteil? Einerseits, so sagten wir, kommt sie aus der Erfahrung der Umkehr, die nicht aus eigenem Willen stammt, sondern die vom »Stechen und Beißen« des Geistes ausgelöst wird. Andererseits geht sie mit dem sicheren Gespür einher, dass meine Umkehr eine Bedeutung über mich hinaus hat. Hier könnte schon ein erster Widerspruch auftreten nach dem Motto: »Bleib mir mit deiner Umkehr vom Leib.« Manchmal hätte die Gruppe lieber, dass der Kritiker illoyal ist als loyal, denn dann kann sie leichter mit ihm fertig werden.

Die Sündensensibilität, von der bisher die Rede war, hat ihren tieferen Grund in der Leidsensibilität. Mitleid ist im Evangelium der entscheidende Auslöser für alle weiteren Bewegungen, auch für loyale Kritik. Mit dem »Beißen und Stechen« des Geistes sind letztlich nicht Schuldgefühle gemeint, sofern bloßes Unbehagen wegen der Übertretung einer Regel und Angst vor Strafe im Blick sind. Der Geist »beißt« vielmehr durch das Mitleid, den Anblick von Leiden, der aus der Zuschauerposition herauslöst. Die scheinbare Selbstsicherheit des loyalen Kritikers kommt aus dem Kontakt mit dem Leiden. Aus diesem Kontakt gibt es kein Zurück. Vielleicht ist es ja dies, was nach außen hin als überzogen erscheint.

Immer wieder beklagen sich die Propheten und auch Jesus über die Blindheit des Volkes oder der Autoritäten: »Habt ihr denn keine Augen, um zu sehen, und keine Ohren, um zu hören?« (Jes 5,21/Mk 8,18). Im Gleichnis vom barmherzigen Samariter unterscheiden sich die beiden Leviten vom Samariter gerade durch das sehende Nichtsehen des Geschlagenen: »Er sah ihn und ging weiter« (Lk 10,31). Die Blindheit ist perfekt, sofern die Blinden oft selbst von sich meinen, dass sie Sehende sind: »Weh euch, ihr seid blinde Führer« (Mt 23,16).

Mitleid ist nach biblischem Verständnis ein Schmerz. Das griechische Wort für Mitleid zielt auf die Eingeweide – *tà splángchna*. Es geht um einen Schmerz, der in den Eingeweiden physisch spürbar ist, dort »beißt und sticht«. Erst das Mitleid macht wirklich barmherzig. Das Wort von der »Warm-Herzigkeit« drückt diesen Aspekt aus: Das Herz wird lebendig und damit auch verletzlich, es blutet beim Anblick eines Leidens. Die Stärke des loyalen Kritikers, die ungerechterweise nach außen hin als Unbarmherzigkeit oder Rechthaberei erscheint, besteht genau in seiner Verletzlichkeit, die durch das Mitleid entstanden ist. Sie ist unumkehrbar. Das Mitleid ist das Feuer, durch welches das harte Herz und die ideologische Vernunft schreiten, um weich zu werden und in der Wirklichkeit anzukommen. Das Mitleid führt zu einem Perspektivwechsel auf die Wirklichkeit, zu einer anderen Wahrnehmung, zu offenen Augen und zu offenen Ohren – einschließlich der Erkenntnis, dass sie vorher verschlossen waren. Mitleid führt zu mehr als bloß zu einer von oben nach unten sich neigenden Liebe. Es treibt nach unten, zur Inkarnation.

Leidsensibilität ist ein gutes Unterscheidungskriterium dafür, ob Kritik loyal ist. Ihr entgegen steht eine Sündensensibilität, die bloß an der Regelverletzung »leidet«. Loyale Kritik weist auf Leiden hin, das sie anrührt und das niemand zu sehen scheint. Bloße Sündensensibilität hingegen hat ein innigeres Verhältnis zur Regel als zum Leiden des anderen. Oft steckt hinter bloßer Sündensensibilität die Angst vor der Strafe: »Die meisten Menschen haben Angst vor der Sünde – aber nicht wegen dem Sündigen, sondern wegen dem Brennen« (Augustinus). Loyale Kritik hingegen fürchtet die Strafe nicht, weil das Mitleid die Angst überwindet.

Auch das Mitleid muss durch einen Unterscheidungsprozess hindurchgehen. Insbesondere gilt, dass das Mitleid zunächst nicht die Einsamkeit auflöst, welche der Sehende unter Blinden empfindet. Mitleid hängt zwar mit Begegnung zusammen. Aber das bedeutet nicht, dass ich den Willen dessen tun muss, mit dem ich Mitleid habe. Es gibt Erpressung durch Leiden; der Leidende nutzt das Mitleiden aus, um dem Mitleidenden seinen Willen aufzuzwingen. Doch gerade das ist nicht das, was im Mitleid des Evangeliums angesagt ist. Nicht der Leidende beruft, sondern Gott. Es geht darum, den Willen Gottes zu tun, nicht den Willen des Leidenden. In der konkreten Situation sind sie zwar nicht zu trennen. Biblisch gesehen identifiziert sich Christus ja mit dem Leidenden (vgl. Mt 25,42). Doch die Differenz zwischen beiden muss gewahrt bleiben. Sonst kann Mitleid in Abhängigkeitsbeziehungen und damit in noch größeres Leiden aller Beteiligten führen. Manchmal muss ich sogar dem, mit dem ich Mitleid habe, weh tun, indem ich ihm gerade nicht das gebe, was er von mir wünscht. Und gerade in diesem Widerstand gegen seinen Willen diene ich ihm und diene ich Gott. So gilt, was schon vorher über den loyalen Kritiker gesagt wurde, auch hier: Er oder sie muss Schmerzen zufügen und den Vorwurf der Lieblosigkeit aushalten können.

Übrigens hilft dieser Hinweis, auf den in den letzten Jahren seltsam modisch gewordenen Vorwurf des

»Gutmenschentums« zu erwidern, der loyaler Kritik oft entgegenschlägt. Mitleid und Herzenswärme führen keineswegs einfach nur zum »Zusammenbrechen beim Anblick fremden Leidens« (Seneca), zu Verstand vernebelnden Gefühlszuständen oder weltfremd agierender Schwärmerei. Das biblische Mitleid ist vielmehr eine Kraft, die den Verstand in Bewegung setzt und unter anderem auch äußerste intellektuelle Disziplin verlangt. Zugleich entfremdet Mitleid nicht von der Welt, sondern führt in sie hinein. Weltfremd sind diejenigen, die Leiden nicht spüren und auch nicht merken, welches Leiden sie selbst anrichten – die sprichwörtlichen Elefanten in den Porzellanläden.

Im Übrigen bleibt es nicht bei der Einsamkeit dessen, den das Mitleid in einer konkreten Situation gepackt und einsam gemacht hat. Im Evangelium wird den Barmherzigen Erbarmen verheißen (vgl. Mt 5,7), also barmherzige Zuwendung, die sie schließlich aus der Einsamkeit herausführt und »Brüdern und Schwestern« zuführt, »die den Willen meines Vaters im Himmel tun« (vgl. Mk 3,35). Loyale Kritiker sind keine *lonesome cowboys*. Wer mit dieser Attitüde auftritt, ist vermutlich ein falscher Prophet.

3. Anlauf: Kirche und Papst lieben – und dennoch kritisieren

Die Kirche versteht sich nicht als eine Institution wie andere, da sie sich nicht als bloßes Menschenwerk versteht. Aber sie versteht sich auch als Institution und zeigt sich so. Es ist deshalb für Kirchenferne nicht ganz leicht zu verstehen, wie ein katholischer Christ die Kirche »lieben« kann. Kann man Institutionen lieben? Andererseits ist es offensichtlich, dass es im Verhältnis des Christen zur Kirche um etwas sehr Nahes, Zartes geht. Es zeigt sich manchmal gerade auch in den Verletzungsgeschichten. Vielleicht gibt es keine Institution, die so sehr verletzen kann und verletzt hat wie die Kirche. Sonst gäbe es nicht so viele bittere Verletzungsgeschichten, die bis in dauerhafte Ablehnung und Wut gegen die Kirche führen. Oft stößt man gerade bei harten Kirchenfeinden auf eine Wunde in der Jugendzeit, die ein unerleuchteter Kirchenvertreter geschlagen hat und die noch Jahrzehnte später schwärt. Kirchenferne ohne Kirchenbiographie hingegen kommen der Kirche eher mit Gleichgültigkeit oder schon wieder mit neugierigem Interesse entgegen, wie einem Wesen von einem anderen Planeten.

Die Kirche lieben

Vielleicht hilft der Vergleich mit anderen Institutionen. Auch seine Schule liebt oder hasst man, manchmal ein Leben lang. Ein sachliches Verhältnis zur eigenen Schule ist eher selten anzutreffen. Das liegt wohl daran, dass Schule einem Menschen zunächst einmal vorgegeben ist. Man ist nicht auf Grund eigener Entscheidung in der Schule, sondern wegen des Willens der Eltern und auf Grund der Schulpflicht. Das erhöht die Abhängigkeit und somit einerseits die Chancen zur Begegnung mit Neuem, andererseits aber auch die Verletzbarkeit. Egal wie ich mich im Laufe meines Lebens zu der Prägung stelle, sie hat jedenfalls stattgefunden und geht tief in meinen Gefühlshaushalt hinein.

Wenn das Verhältnis zur Schule gelungen ist, dann ist es oft Dankbarkeit, in der sich Liebe zeigt. So ähnlich ist es auch mit der Kirche. Ihr verdankt nach seinem Selbstverständnis ein Christ den Glauben, das Evangelium, die Berührung mit den Sakramenten. Sie ist »Mutter«, unsere »hierarchische heilige Mutter Kirche«, wie Ignatius formuliert (GÜ 353). Seine Regeln »für das wahre Gespür, das wir in der streitenden Kirche haben müssen« (GÜ 352) beschreiben, was alles an der Kirche zu »loben« sei (GÜ 354–363). Die Aufzählung lässt sich auch als eine Liste der Dankbarkeit lesen für alles das, was Ignatius selbst von der Kirche empfangen hat. Die Liebe zur Kirche lebt aus dieser Dankbarkeit. Mit dem Gedanken an die Kirche verbinden sich zunächst nicht Probleme, moralischer Druck und Höllenängste, sondern große Freude über das »Leben in Fülle« (Joh 10,10).

Ein besonderer Aspekt der Mütterlichkeit der Kirche kommt in ihrer Fähigkeit zum Ausdruck, zu ersetzen und zu ergänzen, was beim Einzelnen fehlt. In der Feier der Eucharistie erklingt vor dem Empfang der Kommunion das Gebet. »Schau nicht auf unsere Sünden, sondern auf den Glauben deiner Kirche.« Die Sünden des Einzelnen – also das, was ihn von der Lie-

be und der Einheit noch trennt, die in der Kommunion gefeiert wird – werden durch den Glauben der Kirche in ihrer trennenden Wirkung von Gott und voneinander entmachtet. Das setzt die Vorstellung voraus, dass der »Glaube der Kirche« mehr ist als nur die Summe des Glaubens von einzelnen Gläubigen. Für diese glaubende, Fürsprache einlegende und ersetzende Mutter Kirche steht in besonderer Weise Maria.
In den genannten Regeln lässt Ignatius nach der Lobesliste einige Anweisungen folgen, wovor »wir uns hüten müssen« (GÜ 364). Sie machen mehr oder weniger den zweiten Teil der Regeln aus und können bereits als Kritik an gewissen Praktiken von Seelsorgern und Predigern seiner Zeit gelesen werden. Die Regeln zum *sentire cum ecclesia* richten sich ja nicht in erster Linie an das Volk, sondern an die Seelsorger, Prediger und Exerzitiengeber. Ignatius grenzt sich hier von denen ab, die mit Sensationen arbeiten (GÜ 364), bestimmte theologische Themen überbetonen (GÜ 367), Hilfestellungen zur Lebenspraxis vernachlässigen (GÜ 368) oder Freiheit gegen Gnade und Liebe gegen Ehrfurcht ausspielen, also falsche Alternativen aufbauen (GÜ 369/70). In der Kirche und in ihrer Verkündigungspraxis braucht es – das wird hier bereits deutlich – Unterscheidung der Geister und damit auch Kritik. Für Ignatius ist das kein Widerspruch zur Liebe zur Kirche. Im Gegenteil.
Mütter muss man irgendwann verlassen, um erwachsen zu werden. Doch das bedeutet nicht, dass man sie deswegen weniger lieben müsste. Im Gegenteil. Die christliche Tradition hält aber noch ein weiteres Bild für die Kirche bereit, das mit der Dimension Liebe zu tun hat, das Bild von der »Braut«. Auch dieses nimmt Ignatius in seinen Regeln auf. Er spricht von der

»wahren Braut Christi« (GÜ 353). Das Bild ist nicht ganz leicht auf die eigene Person zu beziehen, da die Kirche hier ja nicht als »meine Braut« gesehen wird, sondern als »Braut Christi« – im Unterschied zum Bild der Mutter, die ein Christ durchaus als seine geistliche Mutter sehen und fühlen kann.

Paulus ordnet sich im Bild der »Braut Christi« als Brautführer zu: »Ich habe euch einem einzigen Mann verlobt, um euch als reine Jungfrau zu Christus zu führen« (2 Kor 11,2). Der Vergleich schließt die Vorstellung ein, dass die Braut jungfräulich ist. Es geht hier um die Sorge des Seelsorgers Paulus, dass die Gemeinde mit »reinem Herzen« (vgl. Mt 5,8) auf Christus zugeht, dass sie ihn »von Angesicht zu Angesicht« (1 Kor 13,12) sehen kann, auf gleicher Augenhöhe.

Sofern also beim Bild der Kirche als der Braut Christi die Dimension der Liebe mitschwingt, geht es um die seelsorgliche Liebe. Liebe zur Kirche ist eben auch seelsorgliche Liebe. Die ersten Jesuiten bevorzugten deswegen als Bild für die Kirche das vom »Weinberg des Herrn«[12], in den der Herr die Arbeiter sendet. Gerade unter dieser Rücksicht verstanden sie sich als Kirchenreformer, welche die Seelsorge erneuern wollten, und zwar aus Liebe zur Kirche als der »Braut Christi«. Insofern war auch ihre Sendung durch den Papst nicht einfach nur an ein nihilistisches Gehorsamsprinzip gebunden nach dem Motto: »Ich tue alles, egal was; Hauptsache ich kriege es vom Papst befohlen.« Vielmehr sehnte sich Ignatius mit seinen Gefährten um eine Sendung in den Weinberg des Herrn, um dort zu arbeiten.

Liebe zur Kirche hat also mindestens zwei Dimensionen: Dankbarkeit und Seelsorge. Es widerspricht der Liebe zur Kirche keineswegs, auf das hinzuweisen, wofür man nicht dankbar sein kann, und zu korrigieren und zu reformieren, was in der Seelsorge schiefläuft.

Den Papst lieben

»Papst« kommt von *papa* und bedeutet »Vater«. Aber der Papst ist nicht in gleicher Weise Vater wie die Kirche Mutter ist. Das wäre theologischer Unsinn und nebenbei eine völlige Überforderung des Papstamtes. Gott ist »Vater« (Lk 11,2). Das Papstamt gehört, wenn auch in herausgehobener Position, zur Kirche, es steht nicht über der Kirche. Die Liebe zum Papst ist im Kontext der Liebe zur Kirche verstehbar. Sie kann, muss aber nicht die Person des Papstes einschließen.
In der globalen Mediengesellschaft ist das Papstamt immer mehr den Gesetzen des Starkultes unterworfen worden. Das ist eine zweischneidige Angelegenheit für das Selbstverständnis des Papstamtes und der Kirche. Starkult ist Personenkult. Liebe zum Papst ist aber etwas anderes als Personenkult. Mehr noch: Personenkult ist eine verführerische Macht für diejenigen, auf die er sich bezieht, in diesem Fall für die frommen Fans ebenso wie für den Papst selbst.
Wer ein hohes Amt innehat, braucht viel Demut. Eine Weise, wie sich diese Gabe den Beteiligten zeigt, besteht in der Fähigkeit, sich Kritik anzuhören und sie aufrichtig zu bedenken, bevor man sie entweder annimmt oder zurückweist. Ein offenes Wort zur rechten Zeit ist ein größerer Liebesdienst am Papst als Fähnchen schwenkende Begeisterung und lautstarke Empörung über Majestätsbeleidigung, selbst dann, wenn die Kritik den Medien-Hype um den Papst stört.
»Liebe« verbindet sich in der Vorstellung der meisten

Leute mit Gefühlen. Doch das ist eine Engführung. Den Papst »liebt« man nicht nur im kollektiven Begeisterungsrausch. Jesus hatte ein skeptisches Verhältnis gegenüber der Begeisterung des Volkes für ihn (vgl. Joh 6,15). »Liebe« meint vor allem Taten oder Unterlassungen; Ignatius spricht von »Werken« (GÜ 230). »Liebe deinen Nächsten wie dich selbst« (Mk 12,31) bedeutet das, was der Samariter dem Zerschlagenen am Wegrand tut (Lk 10,25–37). »Liebe den Feind« (Mt 5,43) bedeutet, auf den Schritt der Gegengewalt oder auf den öffentlichen *show down* zu verzichten.

Beginnen wir mit den Unterlassungen. Ignatius fordert in seinen Regeln zur »Unterscheidung der Geister«, das Schimpfen auf die kirchlichen Vorgesetzten zu unterlassen: »Wir müssen bereitwilliger sein, sowohl Satzungen, Empfehlungen wie Gewohnheiten unserer Vorgesetzten zu billigen und zu loben. Denn auch wenn einige nicht so sind oder wären, würde das Reden dagegen, sei es beim Predigen in der Öffentlichkeit oder beim Darlegen vor dem einfachen Volk, mehr Murren und Ärgernis als Nutzen bewirken« (GÜ 362). Ignatius war in diesem Punkt streng. Ein Beispiel dafür ist sein Umgang mit seinem Mitbruder Diego Lainez. Der römischen Ordenszentrale war zu Ohren gekommen, dass dieser sich in der Gegenwart jüngerer Mitbrüder abfällig über eine Anweisung des Generaloberen geäußert hatte. Ignatius monierte dieses öffentliche Schimpfen.[13] Wie in der erwähnten Regel der Exerzitien ist der seelsorgliche Schaden im Blick. Man könnte die Regel auch so übersetzen: Nicht öffentlich über den Papst und die kirchlichen Vorgesetzten schimpfen, weil dies seelsorglichen Schaden bewirkt.

Was aber, wenn das Verhalten der kirchlichen Vorgesetzten selbst seelsorglichen Schaden bewirkt? In diesem Fall kann es seelsorglichen Schaden bewirken, »loyal« zu schweigen. In der bereits erwähnten Begegnung mit dem Theatiner-Kardinal Gian Pietro Carafa, dem späteren Papst Paul IV., kam es zu einem solchen Fall. Ignatius sieht das Reformanliegen der Theatiner gefährdet durch das unverbindliche Kommunitätsleben, den Lebensstil, die Standesunterschiede innerhalb der Gemeinschaft und durch die Annahme fester Einkünfte, ohne dafür der Stadt sichtbare Dienste zu leisten. In seinem Brief an Carafa äußert er die Kritik.[14] Das Vorgehen entspricht den Regeln aus den Exerzitien: »Wie es also Schaden bringt, in Abwesenheit über die Vorgesetzten schlecht zum einfachen Volk zu reden, so kann es Nutzen bringen, von den schlechten Gewohnheiten zu denjenigen selbst zu sprechen, die ihnen abhelfen könnten« (GÜ 162). Als Carafa neunzehn Jahre nach diesem Brief Papst wird, »drehten sich« Ignatius, wie er gesteht, »alle Knochen im Leib«[15] aus Angst vor einer Revanche. An dieser Stelle gestattete er sich also – nebenbei gesagt – im vertrauten Kreis ein kritisches Reden über den Papst, das er aber sicher nicht als »Schimpfen« verstanden hätte.

»Liebe« zum Papst, respektvoller Umgang mit dem päpstlichen Amt zeigt sich darin, dass, nachdem andere Wege der kritischen Rückmeldung nicht möglich sind oder nichts gefruchtet haben, eine öffentliche Kritik als *ultima ratio* gewählt wird.[16] Nun ist es freilich so, dass die allermeisten Katholiken aus verständlichen Gründen nicht die Möglichkeit haben, dem Papst persönlich Rückmeldungen zu geben – wie es ja auch den allermeisten Deutschen verwehrt ist, der Bundeskanzlerin eine Rückmeldung unter vier Augen zu geben, und ebenso in vielen vergleichbaren Fällen.

Manchmal ergeben sich aber auch Situationen, in denen Kritik unter vier Augen nicht möglich ist, weil öffentliches Schweigen unmittelbar Schaden nach sich ziehen würde. Eine solche Situation ist beim »antiochenischen Zwischenfall« (Gal 2,11–13) gegeben. Petrus distanziert sich aus Angst vor den judenchristlichen Jakobus-Leuten von den Heidenchristen, mit denen er bis dahin zusammen an einem Tisch saß. Paulus sieht das und kritisiert ihn sofort und öffentlich: »Als Kephas nach Antiochia gekommen war, bin ich ihm offen entgegengetreten, weil er sich ins Unrecht gesetzt hatte« (Gal 2,12). Paulus befindet sich offensichtlich in einer Situation, in der die Unterlassung der Kritik Zustimmung zu Unrecht bedeutet hätte; zu schweigen hätte bedeutet, sich von den anwesenden und durch das Verhalten Petri gedemütigten Heidenchristen zu distanzieren. Dieser Auftritt ist nicht lieblos gegenüber Petrus, sondern ein Akt der Liebe auch ihm gegenüber. Es wäre lieblos, einen Freund oder Vorgesetzten nicht auf das Unrecht aufmerksam zu machen, das er gerade begeht. Es besteht kein Widerspruch zwischen der hier von Paulus praktizierten seelsorglichen Liebe zu den Heidenchristen und der Liebe zu Petrus als dem Träger des »Primats«.

Paulus hat kein Problem damit, Petrus zu widersprechen, obwohl er andererseits seine Vorrangstellung anerkennt (vgl. Gal 2,2; 1 Kor 15,5). Ähnlich frei verhält sich Ignatius gegenüber den Wünschen des Papstes, wenn es darum geht, den Willen Gottes auszuführen. 1552 wendet sich Kaiser Karl V. mit der Bitte an Papst Julius III., den Jesuiten Franz von Borja zum Kardinal zu machen. Der Papst scheint geneigt zu sein, dieser Bitte zu entsprechen. Ignatius geht in sich und findet in seiner Unterscheidung heraus, dass es seine Aufgabe ist, alles ihm Mögliche zu tun, um zu verhindern, dass Borja Kardinal wird. Dies gilt für ihn auch dann, wenn höchste Autoritäten anderes intendieren. So schreibt er an Borja: »Ich fand mich schließlich am dritten Tag im gewohnten Gebet und seitdem mit einem so vollen Urteil und einem so sanften und freien Willen, was an mir liegt, vor dem Papst und den Kardinälen zu hindern, dass ich es, wenn ich es nicht täte, bei mir für eine sichere Sache hielte und halte, dass ich Gott unseren Herrn keine gute Rechenschaft über mich abgeben würde, vielmehr eine gänzlich schlechte.«[17] Bemerkenswert ist die Kombination der Worte »sanft« und »frei«. Gehorsam gegenüber dem Willen Gottes fühlt sich für Ignatius nicht wie harter Zwang und Unfreiheit an.

Die Frage nach dem Gehorsam gegenüber dem Willen des Papstes kommt bis zu dieser Stelle überhaupt gar nicht vor. Es geht gar nicht um die Alternative: Gehorsam gegenüber dem Willen Gottes oder Gehorsam gegenüber dem Willen des Papstes. Es mag Fälle geben, in denen sich ein Christ aus Gehorsam gegenüber dem Willen Gottes dem Willen des Papstes widersetzt – so geschehen im selben Jahr 1552, als sich Bischof Wilhelm von Ketteler weigerte, den päpstlichen Gehorsamseid zu leisten, weil dieser die Verpflichtung enthielt, Häretiker und Schismatiker notfalls mit dem Schwert zu verfolgen.[18] Im Konflikt der Interessen um die Person Borja sieht die Konstellation anders aus. Ignatius erwägt den Fall, wie es einzuschätzen ist, wenn der eine (z.B. der Papst) in demselben Fall die eine Option als den Willen Gottes erkannt haben sollte, und der andere (z.B. Ignatius) die gegenteilige Option. »Wenn es der Wille Gottes ist, dass ich mich darin einsetze und sich andere (Papst/

Kaiser) für das Gegenteil einsetzen und Euch (Borja) diese Würde (den Kardinalstitel) gegeben wird, *so gäbe es keinen Widerspruch.* Denn es kann sein, dass der gleiche göttliche Geist mich dazu aus den einen Gründen und andere aus den anderen Gründen zum Gegenteil bewegt, so dass verwirklicht wird, was der Kaiser angezeigt hat: Gott unser Herr möge in allem tun, wie es immer sein größerer Lobpreis und Ruhm ist.«[19]

Zum einen anerkennt Ignatius für diesen Konfliktfall die höhere Autorität des Papstes an, der entscheiden und durchsetzen kann, dass Borja Kardinal wird. Zum anderen folgt daraus aber nicht, dass die geistliche Erkenntnis von Ignatius falsch war. Es ist nicht gefordert, dass Ignatius das für richtig hält, was der Papst oder der Kaiser für richtig halten. Ignatius sieht sich quasi in einem größeren Spiel von Gott auf einen bestimmten Posten gesetzt, auf dem er auszuharren hat, damit das Ganze dann von Gott – und nicht vom Papst – zu einem vor Gott größeren Ganzen gefügt wird. Vor Gott stehen Ignatius und der Papst jenseits von Richtig und Falsch und treffen sich dort.

Konkret geht die Geschichte so aus, dass Borja nicht Kardinal wird. Aber das ist für unsere Überlegung weniger wichtig. Entscheidend ist, dass der »Wille Gottes« und der »Wille des Papstes« nicht identisch sind. Dass es sich so verhält, hat den theologischen Grund, dass Gott der Herr der Geschichte ist. Bei Ignatius erscheint in allem Respekt vor dem väterlichen Aspekt päpstlicher Autorität ein brüderliches Verhältnis zum Papst, wie es ja auch zwischen Paulus und Petrus der Fall ist. Ignatius sieht sich und den Papst auf gleicher Augenhöhe vor Gott stehen, und Gott teilt beiden unterschiedliche Einsichten und Sendungen zu, die sogar in Konflikte führen können. Am Ende – dies ist

der eigentliche Glaubensakt – wird Gott die verschiedenen Teile zu einem neuen Ganzen führen. So geschieht in der Kirche lebendiges geistliches Leben.
Den Glaubensakt setzt übrigens nicht nur Ignatius, sondern auch der Papst und der Kaiser. Sie alle stehen in der ignatianischen »Indifferenz« vor Gott, um für das offen zu sein, was Gottes »größerer Lobpreis« ist. *Omnia ad maiorem Dei gloriam* – alles zur größeren Ehre Gottes. Es ist also falsch, wie es in übersteigerter Papstfrömmigkeit geschieht, den Willen des Papstes mit dem Willen Gottes gleichzusetzen und aus jeder seiner Handlungen, Entscheidungen und Worte ein heilsgeschichtliches Ereignis zu machen. Dieser Hinweis stellt seine ihm mit dem Amt gegebenen Jurisdiktions- und Definitionsvollmachten nicht in Frage, doch er entlastet alle Beteiligten, letztlich auch den Papst selbst vor den Fallen religiös überhöhter Autoritätsgläubigkeit sowie vor überhitzten Erwartungen. Schwärmerische Bewunderung des *papa* ist noch keine krisenfeste Liebe. Sie lässt in dem Moment nach oder verkehrt sich sogar in ihr Gegenteil, wenn der Umschwärmte eine Schwäche zeigt. Loyalität zum Papst bedeutet auch, ihn Mensch sein zu lassen.
Falsch ist auch, einer geistlichen Autorität, und sei es der päpstlichen, die Vollmacht zuzuweisen, vor eine andere Person treten und sagen zu können: »Das ist der Wille Gottes für dich. Du musst gehorchen, weil ich das erkannt habe und es dir hiermit befehle.« Weder von Person wegen noch von Amts wegen ist eine solche Aussage möglich. Im Falle des Streites um Borja tritt der Papst auch nicht mit diesem Anspruch auf. Die Sendungen und Aufträge durch den Papst, wie sie Ignatius und die Jesuiten annehmen und ausführen, erfolgen zwar auf Grund der päpstlichen Autorität.

Aber die Autorität kann ihrerseits auch nicht mehr als den Willen Gottes für sich erkennen. Sie kann also erkennen, dass Gott ihr mitteilt, dass es zu »seinem größeren Lobpreis« richtig ist, diese oder jene Entscheidung zu fällen oder Ernennung auszusprechen. Wenn die Autorität aber beansprucht, den Willen Gottes »für mich« zu erkennen und befehlen zu können, dann überschreitet sie eine Grenze, tritt sozusagen in der Seele des anderen auf eine Seite der Waage und hindert darin den Bruder oder die Schwester, ihrerseits den Willen Gottes »für sich« erkennen zu können. Der Wille Gottes ist für Ignatius eben nur in der Freiheit zu erkennen. So gibt es auch innerkirchlich ein Kriterium für die Unterscheidung zwischen legitimer Ausübung amtlicher Autorität und autoritärem Gehabe.

Kritik und Demut

Ein Titel des Papstes lautet: »Diener der Dienerinnen und Diener Christi«. Anders formuliert: »Der Diener aller«, ausgehend von dem Wort Jesu: »Wer der Erste sein will, soll der Letzte von allen und der Diener aller sein« (Mk 9,35). Die Demut Jesu zeigt sich darin, dass er den niedrigsten Dienst an seinen Jüngern vollzieht: Er wäscht ihnen die Füße (Joh 13,5).

Der Wunsch, Erster sein zu wollen, wird im Evangelium nicht moralisch schlecht bewertet, sondern zunächst einfach als Tatsache vorausgesetzt. Ein schönes Beispiel dafür ist die Bitte der beiden »Donnersöhne« Jakobus und Johannes: »Lass in deinem Reich einen von uns rechts und den anderen links neben dir sitzen« (Mk 10,37). Jesus schimpft nicht mit den beiden Jüngern wegen ihrer Bitte, als hätten sie es darin an »Demut« fehlen lassen. Er erklärt ihnen nur, dass sie nicht wissen, worum sie bitten. Im Matthäusevangelium wird die Mutter der beiden dann belehrt (Mt 27,56). Sie steht auf Golgotha und sieht zwei Männer rechts und links von Jesus gekreuzigt, allerdings nicht ihre Söhne, sondern zwei »Räuber« (Mt 27,38). Jetzt weiß sie, was es bedeutet, rechts und links neben Jesus zu thronen. So etwas kann man sich nicht wünschen. Es ist Geschenk – vielleicht ein solches, das man gar nicht haben will, wenn man weiß, worin es besteht.

Damit ist das Paradox der Demut beschrieben. Der Wunsch, Erster sein zu wollen, wird zugelassen und erfüllt, aber durch Zuweisung auf den letzten Platz. Die Karriere nach unten ist wirklich eine Karriere. Gerade dieses Paradox macht allerdings einige wesentliche Unterscheidungen notwendig. Sie gehören zu den zentralen Themen der ignatianischen Unterscheidung der Geister, insbesondere die Unterscheidung zwischen der »falschen Demut«, der »dritten Waffe des Feindes«[20], und der »wahren« Demut. Diese wird umso schwerer zu leben, wenn der »Diener aller« eine hohe, ja die höchste amtliche Position bekleidet, die es in der Kirche gibt.

Demut bedeutet nicht, Letzter sein zu wollen, um Erster zu werden. Es geht um das Dienen. Wenn aber einer dient, um Erster zu sein, will er oder sie gar nicht dienen, sondern herrschen. Es gibt also gar keine Möglichkeit, Demut aus eigenem Willen zu erreichen, oder anders ausgedrückt: Man kann nicht demütig sein wollen; oder: Man weiß nicht wirklich, was man will, wenn man meint, man wolle demütig sein. Demut ist kein Thema der Moral. Es ist ein Thema des eigenen Weges mit Gott, ein Thema der religiösen Erfahrung. Demütig werde ich durch Demütigung. Doch auch hier gilt das paradoxe Gesetz: Wer gede-

mütigt werden will, um demütig (»Diener aller«) zu werden, hat nichts von der Demut begriffen.
Das alles gilt auch für den Papst. Der Anstoß zur Karriere nach unten als »Diener aller« kommt von außen. Dieses »Außen« kann jede beliebige Erfahrung sein, sofern sie mich auf eine Grenze aufmerksam macht, mich einer Kritik unterzieht, mir meine Schwäche aufzeigt, mir mein Scheitern klarmacht, mir Selbsterkenntnis ermöglicht. Für die geistliche Unterscheidung ist es wichtig, darin jeweils das Wirken Gottes an mir zu erkennen. Im Grunde genommen ist jede Kritik Anlass, einen weiteren Schritt nach unten zuzulassen und um diesen Schritt demütiger zu werden.
Kritik, sogar unberechtigte Kritik, ist deswegen bei aller Schmerzlichkeit ein Anlass zur geistlichen Freude. Die unberechtigte Kritik kann man in ihrem sachlichen Gehalt zurückweisen. Demut besteht keineswegs darin, jeder Kritik recht zu geben. Aber unberechtigte Kritik und lautes Schimpfen können auch Schmach sein, die Ehre ist (vgl. GÜ 167), ein Kompliment des lieben Gottes. Und zur Demut gehört eben auch, ein Kompliment annehmen zu können. Nur lässt sich das, wie wir sahen, nicht verallgemeinern. Aus der Tatsache, dass alle mich kritisieren und beschimpfen, kann ich nicht schließen, dass ich um Jesu willen Schmach erleide und mit ihm in der Kreuzesnachfolge stehe. Ich könnte auch der Geisterfahrer sein. Es gibt den religiös verbrämten Umzingelungskomplex, für den die katholische Kirche auf Grund ihrer Struktur besonders anfällig ist, gerade dann, wenn sie sich im allseits kritisierten Oberhaupt von Feinden umkreist und angesprungen fühlt. Die Kritik könnte auch berechtigt sein oder richtige Elemente haben, die trotz der unangemessenen Form des Vortrags richtig bleiben.

Dann besteht die Demut darin, sie anzunehmen und die Konsequenzen daraus zu ziehen. Jedenfalls kann keiner der »Diener aller« sein, der sich nicht von außen durch Kritik anstoßen lässt.

4. Der Verdachtslogik widersprechen

Ignatius setzt an den Anfang der Exerzitien eine Regel, wie sich »der, welcher die geistlichen Übungen gibt, wie der, der sie empfängt«, im Falle eines Konflikts verhalten sollen. Der zentrale Begriff des Textabschnittes lautet »retten« (vgl. auch 1 Kor 5,5). Im Falle eines Konfliktes soll zunächst die Bemühung im Vordergrund stehen, die Aussage des anderen zu »retten«. Ist dies nicht möglich, so soll der andere gefragt werden, »wie er sie versteht«, um ihn dann zu verbessern. Nimmt dieser aber die Verbesserung nicht an, so »suche er alle angebrachten Mittel, damit jener, indem er sie gut versteht, sich rette« (GÜ 22).

Zunächst einmal wird hier für den Fall des Widerspruchs ein Verfahren vorgegeben, ähnlich wie in der Gemeinderegel von Mt 18,15–16: »Wenn dein Bruder sündigt, dann geh und weise ihn unter vier Augen zurecht ... Hört er aber nicht, so nimm einen oder zwei Männer mit ... Hört er auch nicht auf sie, dann sei er für dich wie ein Heide oder ein Zöllner.« Mit »Sünde« ist hier eine Handlung gemeint, die beim Betrachtenden Ärgernis erregt. Es geht hier – wie ja auch im Falle des loyalen Widerspruchs – nicht um die Situation, dass ein anderer gegen mich gesündigt hat und ich ihn deswegen kritisiere, sondern darum, dass er etwas tut, was mich empört, selbst wenn ich gar nicht direkt Betroffener bin.

Wichtiger als der Hinweis auf das Verfahren ist aber der Hinweis auf die innere Haltung, die demjenigen empfohlen wird, der die Aussage oder das Verhalten eines anderen zu kritisieren gedenkt. Er soll zunächst versuchen, den anderen in seinem Reden und Tun zu »retten«, also ihn positiv zu verstehen. Geistlicher Gegner dieses Ansatzes ist die Verdachtsperspektive. Die Verdachtsperspektive lässt dem anderen, über den ich mich empöre oder ärgere, keine Chance, sondern ich unterstelle ihm zunächst die schlimmstmöglichen Absichten. Ich will ihn nicht mehr »retten«.

Die Verdachtsperspektive macht den Verdächtigten wehrlos – egal ob Chefin oder Angestellten, Lehrer oder Schüler, Hirte oder Schaf. Der Konjunktiv hat nämlich immer recht: Es könnte ja tatsächlich sein, dass der andere einen schlimmen Plan im Hinterkopf hat, eine dunkle Verschwörung plant, betrügen möchte, bloß Macht- und Eigeninteressen verfolgt, sich bereichern oder sadistische Bedürfnisse befriedigen will. Indizien für Verdacht lassen sich immer leicht finden. Im Übrigen ist auch die Pathologisierung des anderen im Kern nichts anderes als eine Verdächtigung.

Die Regel GÜ 22 widerspricht dieser Verdachtslogik. Nun ist aber kein Mensch frei von der Versuchung der Verdächtigung. Deswegen müssen einige Unterscheidungen getroffen werden. Zunächst einmal gilt, dass die Verdachtslogik in bestimmten Kontexten durchaus ihre Berechtigung hat. Wer Verantwortung für die Sicherheit eines Flugzeuges trägt, sollte vor jedem Flug mit äußerster Genauigkeit nachsehen, ob auch alle Schrauben, auf die es ankommt, festgezogen sind. Wer einen Vertrag abschließt, sollte den Text vorher absichern gegenüber möglichen Missverständnissen und Missbräuchen durch den Vertragspartner. Wer – wie seinerzeit Sokrates – zu sicherem Wissen gelangen will, muss zunächst einmal skeptisch fragen, ob wir wirklich alles sicher wissen können, was wir meinen sicher zu wissen.

Aber es gibt Lebenszusammenhänge, in denen genau das umgekehrte Prinzip gilt: Vertrauen ist besser als Skepsis. Dies gilt insbesondere für Beziehungen zwischen Menschen, die auf Loyalität, gegenseitigen Zusagen und persönlicher Verbundenheit beruhen. Diese werden zu Recht nicht leichtfertig unter Verdacht gestellt, weil ja schon die Verdächtigung selbst nicht nur eine neutrale Frage von außen an die andere Person ist, sondern in der Beziehung wirkt beziehungsweise etwas in ihr anrichtet. Verdächtigung tut etwas mit den Menschen, die ich verdächtige. Es kann gravierende Indizien dafür geben, dass ich einen Verdacht aussprechen muss, aber die Indizien müssen dann auch so sein, dass sie die Äußerung des Verdachts rechtfertigen und die Unterlassung der Verdächtigung als Leichtfertigkeit zu gelten hätte.

Doch es gibt Anlässe, die Verdächtigungen nicht rechtfertigen. Wenn der Schüler mit einer Bitte zum Lehrer kommt, muss dieser nicht davon ausgehen, dass der Schüler ihn reinlegen will. Wenn der Chef eine harte Entscheidung trifft, ist das kein Grund anzunehmen, dass es ihm eigentlich auf den Machtgestus ankommt. Wenn der Papst die Exkommunikation gegenüber der Pius-Bruderschaft aufhebt, ist das kein Grund dafür, ihn des Antijudaismus oder gar des Antisemitismus zu verdächtigen. Wenn Glaube mich tröstet, brauche ich mir nicht sagen zu lassen, dass ich nur deswegen glaube, weil der Glaube mich tröstet.

Leichtfertige Verdächtigungen zerstören nach innen und außen Zusammengehörigkeit und Loyalität. Das beste Mittel, die Betriebsatmosphäre zu vergiften, ist die üble Nachrede; sie kommt meist im flüsternd weitergetragenen, verdächtigenden Gerücht daher. Leichtfertige Verdächtigungen erfüllen eigentlich den

Tatbestand der Diskriminierung. Sie findet im Kleinen wie im Großen statt. Diskriminierung von Gläubigen, Andersgläubigen, Ausländern, Homosexuellen oder wem auch immer basiert auf Verdächtigungen und äußert sich als solche. Sie kommen deswegen nicht aus loyalem Mund und dürfen auch nicht mit loyalem Widerspruch verwechselt werden – denn oft tarnen sie sich ja als »loyal«. Das Gegenteil ist wahr. Man muss den leichtfertigen Verdächtigungen entschieden widersprechen. Den »bösen Feind der menschlichen Natur« erkennt man – je geübter, desto sicherer – an der Verdachtslogik.

Dabei helfen keine schlagenden Gegenbeweise. Wer sich defensiv auf eine Diskussion mit der Verdachtslogik einlässt, hat schon verloren. Vielmehr hilft die ruhige, nur scheinbar schwache Stimme der Vernunft. Sie deckt die Irrationalität der Verdachtslogik auf. Die Vernunft weiß nämlich zum einen, dass man aus der Tatsache, dass etwas möglich sein könnte, nicht schließen kann, dass es der Fall ist. Es könnte sein, dass mich der Schüler belügt – aber daraus folgt nichts. Es könnte sein, dass ich nur gläubig bin, weil ich Angst vor meinen Eltern habe – aber auch daraus folgt nichts.

Zum anderen weiß die Vernunft, wo die Beweislast liegt, nämlich bei dem, der verdächtigt. Der Pilot, der vor dem Flug sein Flugzeug persönlich und akribisch genau untersucht, hat gute Gründe, vom Flugzeug den Beweis zu »verlangen«, dass es flugsicher ist. Der Angestellte darf zur Sicherheit gerne den Vertrag, den ihm sein zukünftiger Chef anbietet, bei der Gewerkschaft überprüfen lassen. Der Lehrer muss bei der Korrektur von Klausuren auch nach möglichen Fehlern suchen. Doch sie alle müssen dies nicht tun, wenn es um die innere Gesinnung und Haltung bei sich selbst oder bei anderen geht. Im Gegenteil. Wer die innere Gesinnung und Lauterkeit des anderen verdächtigend in Frage stellt, muss den Grund anführen, warum er es in diesem Falle tut.

Wenn er ist nicht tut, bleibt als letztes Mittel der Kommunikationsabbruch. Es gibt einen legitimen Abbruch von Gesprächen – auch dann, wenn sich die Verdachtslogik genau dadurch in ihren schlimmsten Annahmen bestätigt fühlt. Wenn mir beim Kaffeeklatsch ein übles Gerücht über einen Kollegen zugetragen wird, darf ich weghören. Wenn mir die Kirche als kriminelle Bande präsentiert wird, die seit 2000 Jahren in der Welt wütet, dann muss ich das Buch nicht bis zum Ende lesen. Wenn mir die Gegenwart, in der ich lebe, ständig als Rückfall hinter ein früheres goldenes Zeitalter denunziert wird, darf ich abschalten. Wenn Muslime in meiner Gegenwart mehr oder weniger offen als potentielle Ehrenmörder verunglimpft werden, darf ich den Raum verlassen. Loyaler Widerspruch zeigt sich auch als klarer, deutlicher Widerspruch gegen die Verdachtslogik.

Loyaler Widerspruch basiert also entsprechend der »Regel« der ignatianischen Exerzitien auf dem kontradiktorischen Gegenteil von Verdächtigung, nämlich auf Wohlwollen. Das gilt auch für den Schluss der Regel, also für den Punkt, an dem der Widerspruch gegen eine Gruppe, eine Autorität oder sonst wen konkret wird, wenn also auch bei wohlwollender Sichtweise die »Aussage des Anderen«, sein Sprechen und Handeln, nicht mehr gerettet werden kann. Dann ist der Widerspruch angesagt, allerdings »damit jener sich rettet« (GÜ 23). Es bleibt also auch im Akt des Widerspruchs das Wohlwollen gegenüber demjenigen, dem ich widerspreche, erhalten. Dem loyal Widersprechenden geht es immer auch und keineswegs nur an letzter Stelle um das Wohl dessen, dem er widerspricht. Die kritisierte Person muss das nicht so empfinden. Man wird in den meisten und gerade in den ernstesten Fällen darauf verzichten müssen, dass die kritisierte Person, Gruppe oder Autorität das Wohlwollen in dem Widerspruch erkennt. Es gibt Versöhnungen, die erst im Himmel stattfinden. Aber trotzdem bleibt dies die »Regel« für den loyalen Widerspruch: Dessen Loyalität gründet im Wohlwollen, in der Liebe zu dem, gegen den er sich richtet.

5. Dem Schweigen widersprechen

»Als tiefes Schweigen das All umfing und die Nacht bis zur Mitte gelangt war, da stieg dein allmächtiges Wort, o Herr, vom Himmel herab, vom königlichen Thron« (Weish 18,14f.). Die Kraft des freien Wortes zeigt sich besonders an der Stelle, wo es das Schweigen bricht – das negative Schweigen, das Schweigen der Finsternis (vgl. Joh 1,15), die Schweigemauer, das abwehrende, verleugnende, steinerne, tötende Schweigen. Man müsste eigentlich ein anderes Wort erfinden, um es vom positiven, vom hörenden Schweigen zu unterscheiden.

Das Schweigen der Finsternis, dem sich loyaler Widerspruch entgegenstellt, hat zwei Aspekte. Zum einen herrscht es im persönlichen Bereich durch die Entscheidung, etwas bei sich zu behalten, was ich nie aussprechen will. Dabei geht es natürlich nicht um das schützende Schweigen. Schützend schweige ich, wenn ich bei mir etwas behalte, das ein anderer mir anvertraut hat.

Das schützende Schweigen hat – nebenbei gesagt – auch einen »tötenden« Aspekt. Wenn ich die üble Nachrede über einen Dritten, die mir zugetragen wird, nicht weitererzähle – auch nicht dem Betroffenen selbst, es sei denn, es besteht Gefahr im Verzug –, dann ersticke ich die üble Nachrede in meinem Schweigen, nehme ihm die zerstörerische Kraft. Indem der Beichtvater über die Sünde schweigt, die im reuig anvertraut wird, nimmt er der Sünde ihre Macht – ihre zersetzende Macht im Leben des Sünders und im Leben der Gemeinschaft. Die Sünde ertrinkt im

Schweigen. Das schützende Schweigen ist so gesehen ein Mitwirken an der Heilstat Christi. Christus nimmt der Sünde ihre Macht dadurch, dass er sie auf sich nimmt (vgl. Joh 1,29). Solches Schweigen steht nicht im Widerspruch zum freien Wort. Wer den Ruf zum loyalen Widerspruch hat, weiß, wann und worüber er zu schweigen hat.

Beim negativen Schweigen geht es nicht um Schutz vor dem Bösen, sondern um das entschiedene Verschweigen von etwas, von dem ich nicht will, dass irgendeiner es jemals hört oder sieht – aus Angst vor der Reaktion, vor der Verurteilung. Es enthält ein dunkles Geheimnis. Über dieses Schweigen schreibt der Psalmist: »Solange ich schwieg, da ward ich verzehrt bis ins Mark, endlos währte mein Stöhnen« (Ps 32,3). Dahinter lauert die Angst vor der Strafe, die Verzweiflung über sich selbst, die Angst vor dem erbarmungslosen Pranger. Es ist sehr schwer, etwas zu finden, das diesen Panzer durchdringt und die Angst vertreibt.

Der zweite Aspekt des negativen Schweigens ist umfassender. Es ist das Schweigen, das mit dem Begriff der »Schweigespirale« treffend beschrieben wird: Im Bild der Spirale kommt die Reflexivität des Schweigens zum Ausdruck: Es wird nicht nur geschwiegen, sondern es wird auch darüber geschwiegen, dass geschwiegen wird. Dabei muss es nicht einmal eine explizite Abmachung darüber geben zu schweigen – diese würde das Schweigen ja schon durchbrechen. Das Schweigen schweigt sozusagen aus sich selbst heraus, besonders dann, wenn es ein vererbtes Schweigen ist: Das Schweigen einer Nation über den von ihr begangenen Genozid, das Schweigen des Klerus über den Missbrauch in seinen Reihen, das Schweigen einer Sippe über eine traumatische Erfahrung.

Das Bild der Spirale weist auch auf einen anderen Aspekt hin: Es ist ein Schweigen, das sich verbreitet, das ansteckt. Es mag am Grund des Schweigens jemanden geben, der bewusst etwas verschweigt. Doch da sich das Schweigen überträgt, verliert sich die Spur seines Anfangs. Es wird doppelt reflexiv: Die Schweigenden merken nicht, dass sie schweigen. Die Schweigenden entscheiden sich nicht zu schweigen, sondern sie finden sich im Schweigen vor, ohne es zu merken – bis auf jene, die es merken. In diesem Merken liegt dann aber der Ruf zum Widerspruch gegen das Schweigen. Nicht leicht ist, das mächtige Schweigen von sinnvollen Tabus zu unterscheiden. Es gibt sie natürlich, die notwendigen Tabus. Der geschwätzige Tagesbetrieb besteht zum großen Teil darin, schützende Tabus zu brechen, das heißt eigentlich: Voyeursinteressen zu bedienen. Dieser tabubrechende Betrieb ist auf seine Weise gewalttätig. Daran erkennt man den Unterschied zum Widerspruch gegen das finstere Schweigen: Der Widerspruch deckt Gewalt auf, während der tabubrechende Geschwätzigkeitsbetrieb Gewalt ausübt. Er funktioniert letztlich genauso wie der Pranger.
Hinter dem mächtigen, finsteren Schweigen lauert die Bereitschaft zu töten. Wenn das kleine Kind laut ruft: »Der Kaiser hat ja gar keine Kleider an«, dann lebt es gefährlich. Im Falle des Märchens braucht das Kind nicht einmal persönlichen Mut, um das Wort auszusprechen, welches das ganze Lügensystem zum Einsturz bringt; es weiß ja nicht, was es tut. In anderen Fällen muss die Angst erst überwunden werden, um Widerspruch gegen das Schweigen auszusprechen. Familientherapien basieren auf dem Versuch, dem unaussprechlichen, dunklen Geheimnis eines Familien-

systems auf die Spur zu kommen, über das ja gerade deswegen geschwiegen wird, weil alle meinen, dass der Friede des Systems daran hängt, dass dieses Geheimnis nicht angerührt wird. Dieses Schweigen schließt, wie wir aus den Missbrauchsgeschichten wissen, auch und gerade die Opfer mit ein: Die Opfer meinen, schweigen zu müssen, weil sie ansonsten *in persona* das System gefährden durch das, was sie sind, nämlich Opfer. Ebenso ist in politischen Systemen dieses Phänomen präsent. Totalitäre Systeme basieren immer auf dem Schweigen, dem aktiven Totschweigen. Nach-totalitäre Systeme erben dieses Schweigen. Ganze Kulturen basieren oft genug auf Totschweigen. Politische und gesellschaftliche Systeme basieren auf Mythen, die nicht in Frage gestellt werden dürfen.

Als der Dirigent Daniel Barenboim vor zwei Jahren vor der Knesset sprach und dabei auch die Gräueltaten der israelischen Armee an Palästinensern erwähnte, kam es zu tumultartigen Szenen. Darauf antwortete er: »Ich bin Musiker: Ich kämpfe gegen den Lärm, und ich kämpfe gegen das Schweigen.« Es ist erstaunlich, welche Kraft der Widerspruch gegen das Schweigen hat, wenn man bedenkt, was für eine Gewalt er auslösen kann. Dabei muss es kein geschliffenes Wort sein. Wie schon gesagt: Es erinnert an die Geschichte von David und Goliath: Getroffen von der kleinen Steinschleuder, dem richtigen Wort zur richtigen Zeit, womöglich gar aus Kindermund, fällt Goliath mit all seiner furchterregenden Bepanzerung auf lächerlichste Weise um.

Die Kraft des loyalen Widerspruchs überwindet das mächtige Schweigen der »Finsternis« (Joh 1,15). Wann die Zeit gekommen ist, Widerspruch gegen das Schweigen einzulegen, ist eine Frage der Unterscheidung der Geister. Sie kann nicht durch Deduktion aus Grundsätzen beantwortet werden. Und der Widerspruch entwickelt nur dann seine volle Kraft, wenn er zur rechten Zeit ausgesprochen wird. Es reicht nicht, dass er recht hat. Doch zur rechten Zeit ausgesprochen, entwickelt er seine Kraft, die vor allem konstruktiv ist. Er bringt Kirche, Kultur, Gesellschaft voran, gerade sofern sie noch in der Finsternis des Schweigens stehen. Widerspruch aus Loyalität ist ein Dienst an jeder Gemeinschaft, die lebendig bleiben will.

Anmerkungen

[1] Ignatius von Loyola, Geistliche Übungen (versch. Editionen, z.T. unter dem Titel »Die Exerzitien«); zitiert mit »GÜ« und Randnummer.
[2] Vgl. Brief von Papst Benedikt XVI. an die Bischöfe vom 11.3. 2009.
[3] Vgl. Brockhaus-Enzyklopädie, Mannheim 2006, Band 17, Stichwort »Loyalität«.
[4] In Joh 2,5 weist Jesus seine Mutter ebenfalls zurück, und diese lässt die Zurückweisung zu.
[5] »Himmelreich« ist der Ausdruck bei Matthäus für »Reich Gottes«; dieses wiederum meint nicht einfach nur ein jenseitiges Reich, sondern eine konkrete, irdische Größe, wie sie sichtbar wird in der Praxis Jesu.
[6] Vgl. dazu das Kirchenrecht (CIC 202).
[7] Vgl. dazu die öffentliche Kritik von Paulus an Petrus, Gal 2,11. »... da bin ich ihm offen entgegengetreten«.
[8] Monumenta Ignatiana (MI) 1, I, 114/118.
[9] Dieser Ausdruck wird im Folgenden nicht anti-judaistisch verwandt, sondern vom Evangelium her als Prototyp, für den sich beliebige andere Autoritäten und Gruppen einsetzen lassen, die aktuell passen.
[10] Friedrich Spee: Cautio Criminalis – Einrede wider die Hexenprozesse.
[11] Ein schönes Beispiel, das dieselbe Begrifflichkeit gebraucht, stammt aus dem letzten Flugblatt der »Weißen Rose«: »*Weltanschauliche Schulung* hieß die verächtliche Methode, das aufkeimende Selbstdenken und Selbstwerten in einem Nebel leerer Phrasen zu ersticken.«
[12] Vgl. John O'Malley, Die ersten Jesuiten, Würzburg 1995, S. 329ff.
[13] Vgl. MI Epp. IV, 498–500.
[14] MI Epp. I, 114–118.
[15] Luis Gonçalves da Câmara, Memoriale. Erinnerungen an unseren Vater Ignatius, als Manuskript gedruckt, Frankfurt 1988, Nr. 93.
[16] Vgl. dazu auch die »Gemeinderegel« Mt 18,15–17.
[17] MI Epp IV, 284.
[18] Vgl. Arnold Angenendt, Das Christentum zwischen Toleranz und Gewalt, Münster 2007, 443.
[19] MI Epp IV, 285.
[20] MI Epp I, 98.
[21] Dazu hilfreiche Klarstellungen in N. Baumert, Die Sorgen des Seelsorgers, Würzburg 2007, S. 66ff.

In der Reihe **Ignatianische Impulse** sind bisher erschienen:

Band 1: Willi Lambert, **Das siebenfache Ja,** Exerzitien – ein Weg zum Leben
Band 2: Stefan Kiechle, **Sich entscheiden**
Band 3: Piet van Breemen, **Alt werden als geistlicher Weg**
Band 4: Heiner Geißler, **Glaube und Gerechtigkeit**
Band 5: Cordula und Ottmar Leidner, **Weil ich mit dir wachsen möchte,** Herausforderung Ehe
Band 6: Klaus Mertes, **Verantwortung lernen,** Schule im Geist der Exerzitien
Band 7: Karl Frielingsdorf, **Gottesbilder,** Wie sie krank machen – wie sie heilen
Band 8: Christian Troll, **Als Christ dem Islam begegnen**
Band 9: Bernd Hagenkord, **jugend@gott**
Band 10: Claudia Bausewein, **Sterbende begleiten**
Band 11: Willi Lambert, **Wovon die Liebe lebt,** Eucharistie und Lebenskultur
Band 12: Eckhard Frick, **Sich heilen lassen**
Band 13: Stefan Kiechle, **Macht ausüben**
Band 14: Franz Jalics, **Der kontemplative Weg**
Band 15: Ignatius von Loyola, **In allem – Gott**
Band 16: Gundikar Hock (Hg.), **Ergriffen vom Feuer**
Band 17: Michael Hainz, **Freundschaft mit Armen**
Band 18: Christian Herwartz, **Auf nackten Sohlen,** Exerzitien auf der Straße
Band 19: Albert Keller, **Sinn im Unsinn,** Worüber Jesuiten lachen
Band 20: Christoph Benke, **Sehnsucht nach Spiritualität**
Band 21: Alfred Delp, **Im Angesicht des Todes**
Band 22: Peter Balleis, **Leidenschaft für die Welt**
Band 23: Josef Maureder, **Mensch werden – erfüllt leben**
Band 24: Martin Maier, **Pedro Arrupe – Zeuge und Prophet**
Band 25: Jon Sobrino, **Der Preis der Gerechtigkeit**
Band 26: Piet van Breemen, **Im Geheimnis daheim.** Hilfen aus der Bibel
Band 27: Bernhard Waldmüller, **Gemeinsam entscheiden**

Band 28: Christian Rutishauser, **Christsein im Angesicht des Judentums**

Band 29: Thilo Esser/Meike Wagener-Esser, **Als Familie im Glauben wachsen**

Band 30: Elmar Mitterstieler, **Den verschwundenen Flüssen nachgehen.** Gedanken zur geistlichen Begleitung

Band 31: Felix Genn, **Es würde der Welt etwas fehlen.** Pastorale Impulse aus dem Geist der Exerzitien

Band 32: Hermann Kügler, **Versuchungen widerstehen?**

Band 33: Vitus Seibel (Hg.), **Was bedeutet Dir Jesus Christus?**

Band 34: Stefan Kiechle, **Spielend leben**

Band 35: Elke Rüegger-Haller, **Aufstehen und heilen**

Band 36: Eckhard Frick/Margret Fühles, **Schöpferisch im Spiel vor Gott**

Band 37: Gabriela Grunden, **Wer glaubt, fragt**

Band 38: Hermann Kügler, **Scheitern**

Band 39: Klaus Mertes, **Widerspruch aus Loyalität**